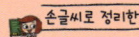

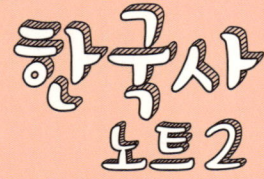

초판 1쇄 발행 2022년 2월 22일

글쓴이 이순, 김소정 | **감수** 송웅섭
펴낸이 황정임
펴낸곳 ㈜노란돼지
등록번호 제 2021-000038호 | **등록일자** 2021년 3월 22일
주소 경기도 파주시 문발로 115(파주출판문화정보산업단지), 307 (우)10881
전화 031-942-5379 | **팩스** 031-942-5378
기획진행 멋지음Book林 | **마케팅** 이주은, 이수빈, 고예찬 | **경영지원** 손향숙
일러스트 곽병철 | **표지/본문 디자인** 메이크디자인

ISBN 979-11-977291-3-3 74900
　　　979-11-977291-1-9 74900(세트)

품명 손글씨로 정리한 한국사 노트 2 **제조자명** 푸른등대 **제조국** 대한민국
주소 경기도 파주시 문발로 115(파주출판문화정보산업단지), 307 **연락처** 031-942-5379
제조년월 2022년 2월 22일 **사용연령** 10세 이상
KC마크는 이 제품이 공통안전기준에 적합하였음을 의미합니다.

 종이에 베이거나 긁히지 않도록 조심하세요.
　　 책 모서리가 날카로우니 던지거나 떨어뜨리지 마세요.

도서출판 노란돼지는 독자 여러분의 의견을 기다립니다. yellowpig.co.kr

 푸른등대는 바다에서 길을 찾을 때 도움을 주는 등대처럼
　　　지혜로운 삶에 도움이 되는 책을 펴냅니다.

손글씨로 정리한

한국사 노트 2

이순, 김소정 지음 / 송웅섭 감수

저자 서문

어느 날 방을 정리하다가 초등학교 때 일기장을 펼쳐보게 되었어. 친구와 싸워서 힘들었던 일, 공부하기가 싫어서 엄마한테 거짓말했던 일, 신났던 하루는 즐거운 이야기로 가득했고, 잘못이 많았던 하루는 반성하는 글로 가득했지. 일기를 읽으면서 '모야, 내가 이렇게 유치했어~' 하며 나의 지나온 일들을 반성하고, '음, 내가 조금은 멋졌는데~' 하면서 내가 잊고 있었던 일로 나의 자존감을 세워 힘든 일들을 극복하는 데 도움이 되기도 했지. 일기장 속에는 나의 지나온 세월이 기록되어 있었어.

"역사"란 무엇일까? 일기장 속 기록처럼 역사는 과거에 일어난 사실과 그 사실을 기록한 것을 말해. 일기장이 나의 역사라고 한다면 ≪ 손글씨로 정리한 한국사 노트 ≫는 나를 포함한 우리 땅에서 살아온 우리 조상님들의 이야기가 담겨 있는 책이야.

"역사를 잊은 민족에게 미래는 없다."

우리나라의 독립운동가이자 역사학자인 단재 신채호 선생님이 하신 말씀이야. 나의 삶에서 나를 제대로 알아가는 것이 중요하듯이 우리가 살아가는 사회에서는 우리 역사를 제대로 알고 이해하는 것이 중요해.

역사 속에서 일어난 일들을 통해서 우리 민족의 뛰어난 정신력을 배우고, 어려움이 많았던 역사 시대에서는 우리 민족이 왜 고통을 받았는지를 반성하는 거야. 그래서 역사는 과거에 일어난 일이지만 현재와 연결되어 있고 더 나은 미래를 만드는 데 도움을 준단다.

"아름다운 이 땅에 금수강산에 단군 할아버지가 터 잡으시고, 홍익인간 뜻으로 나라 세우니 대대손손 훌륭한 인물도 많아"

- 한국을 빛낸 100명의 위인들 노래 중

우리 친구들이 어렸을 때 불렀던 노래인데 기억하니? 이 노래를 부를 때는 친구들끼리 서로 경쟁하면서 재미있게 불렀던 기억이 있을 거야. 우리 친구들이 어린 시절의 일기장을 읽듯이 ≪ 손글씨로 정리한 한국사 노트 ≫를 재미있게 읽었으면 하는 게 우리 선생님들의 마음이야~

 손글씨로 정리한

한국사 노트 2

이순. 김소정 지음 / 송웅섭 감수

똑똑똑 역사 시리즈

똑똑하게 배우고, 똑소리나게 익혀서,

똑바로 이해하는, 똑똑똑 역사 시리즈는

더불어 살아가야 할 미래 사회에

세계의 한 구성원으로 살아갈 수 있는

방법과 지혜를 가르쳐주는 책이랍니다.

손글씨로 정리한 **세계사 노트 1, 2**

손글씨로 정리한 **중국사 노트**

계속 출간됩니다.

차례

10장 이성계가 세운 유교의 나라, 조선

- 고려의 멸망과 조선의 건국 14
- 조선의 기틀을 다진 태종과 세종 19
- 세종의 업적 21
- 조선의 사회와 신분 제도 29
- 조선 사람들의 의식주와 생활 31
- 조선의 임진왜란과 병자호란 37
- 조선 후기를 이끈 영조와 정조 42
- 조선 후기 불어닥친 새바람 46
- 조선의 서민 문화 49
- 조선 후기의 종교와 사상 53

11장 혼란한 세계 속에서 일어난 대한제국

- 세도정치를 끝내고 나라를 바로 세우려 한 흥선대원군 60
- 서양 세력과의 두 번의 싸움, 병인양요와 신미양요 61
- 외국과의 통상 조약과 근대화 노력 63
- 급변하던 국내외 정치 65
- 고종의 대한제국 선언 69
- 대한제국의 변화된 의식주와 풍경 72

12장 암울했던 35년간의 **일제강점기**

- 일본에 외교권을 빼앗긴 대한제국 80
- 일본의 조선 침략을 반대하는 움직임 83
- 암울했던 일제 식민지의 현실 86
- 독립을 위한 여러 활동들 92

13장 평화 통일을 위해 나아가는 **대한민국**

- 광복 후 갈라진 남북 104
- 민족의 비극, 한국 전쟁 107
- 민주주의를 향한 노력들 109
- 짧은 기간 동안 급속히 발전한 경제 115
- 산업화의 그늘 116
- 김영삼 정부 118
- 김대중 정부 122
- 국제통화기금(IMF) 구제 금융 이후 우리나라의 경제 126
- 세계에서 유일한 분단국가인 우리나라 130
- 우리의 소원, 통일 137

이성계가 세운 유교의 나라, 조선

10장

조선을 세운 사람은 이성계야.

고려 말 이성계는 고려에 쳐들어온 홍건적과 왜구를 무찔러서 많은 사람의 지지를 얻게 되었다고 했지?

고려 말 백성들의 생활은 나라 안팎으로 너무 힘들었어. 안에서는 귀족들의 횡포가 점점 심해졌고 나라 밖에서는 왜구와 홍건적이 기승을 부렸지. 이때 기울어 가는 나라를 살리고자 등장한 사람들이 있었어. 바로 정몽주, 정도전, 조준 등 신진 사대부 세력이란다. 신진 사대부는 성리학을 공부하고 과거를 통해 벼슬길에 오른 새로운 지식인이었지.

1392년 이성계는 이들 신진 사대부와 함께 새로운 나라 조선을 건국했어. 조선은 유교를 통치 이념으로 하고, 27명의 왕이 519년의 역사를 이어 나갔지.

고려의 멸망과 조선의 건국

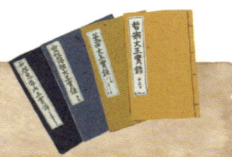

그럼, 고려 말 새로운 세력으로 등장한 신진 사대부와 태조 이성계에 대해 더 자세히 알아볼까?

몽골과의 전쟁이 끝난 뒤, 몽골이 세운 원나라는 오랜 세월 고려를 간섭했어. 원나라를 등에 업은 권문세족들은 어려운 백성들의 사정은 아랑곳하지 않고 횡포를 부렸지.

공민왕은 더 이상 원의 간섭을 받지 않고 고려를 개혁해야 한다고 마음먹었어. 그리고 개혁 정치를 위해 과거 시험을 통해 새로운 인물을 뽑았는데, 그들이 바로 신진 사대부 야. 신진 사대부는 새로운 학문인 성리학을 받아들여 유교적 지식을 쌓았어. 정도전, 조준, 정몽주 등이 대표적인 사람들이지. 신진 사대부는 공민왕의 개혁을 도왔지만 공민왕의 개혁은 결국 실패로 돌아갔단다.

고려 말 나라 밖에서는 홍건적과 왜구가 자주 침략해 왔어. 이들을 물리치면서 새로이 등장한 세력이 또 있었는데, 바로 신흥 무인 세력 이야. 조선을 세운 이성계가 바로 여기에 속하지.

그렇게 신흥 무인 세력과 신진 사대부는 부패한 고려 사회를 개혁하기 위해 공민왕을 중심으로 커다란 세력을 이루게 된 것이었어.

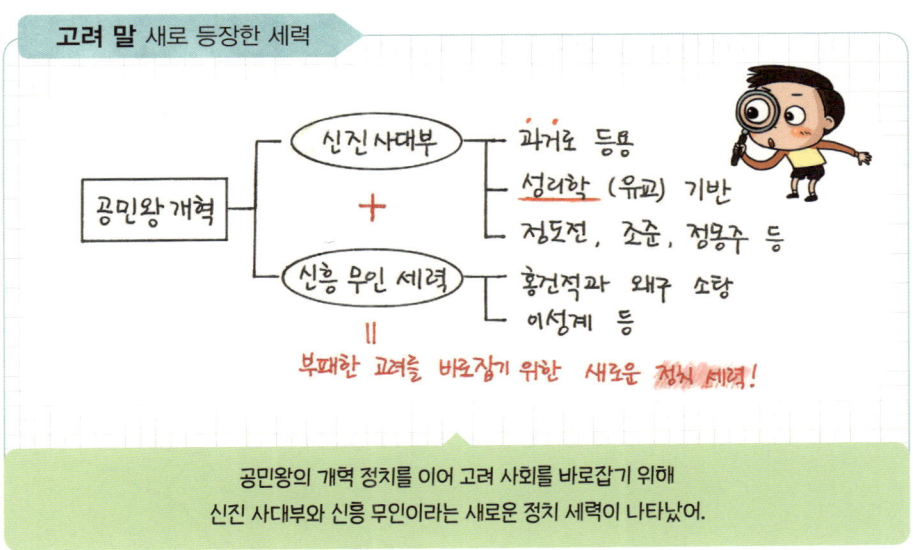

공민왕의 개혁 정치를 이어 고려 사회를 바로잡기 위해 신진 사대부와 신흥 무인이라는 새로운 정치 세력이 나타났어.

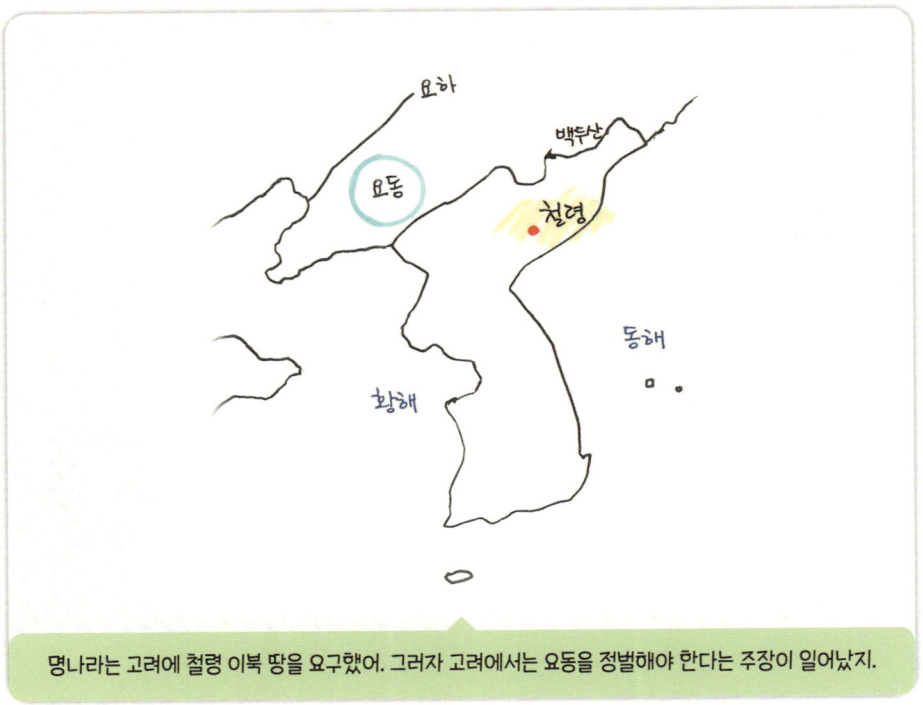

명나라는 고려에 철령 이북 땅을 요구했어. 그러자 고려에서는 요동을 정벌해야 한다는 주장이 일어났지.

우왕 때 일이었어. 중국 땅에 새롭게 세워진 명나라가 고려에 철령 이북 땅을 요구해 왔단다. 이에 최영 장군은 요동 땅을 정벌해야 한다고 주장했고, 반대로 이성계 는 새로 일어난 큰 나라인 명나라를 바로 공격하는 것은 무리라고 맞섰어.

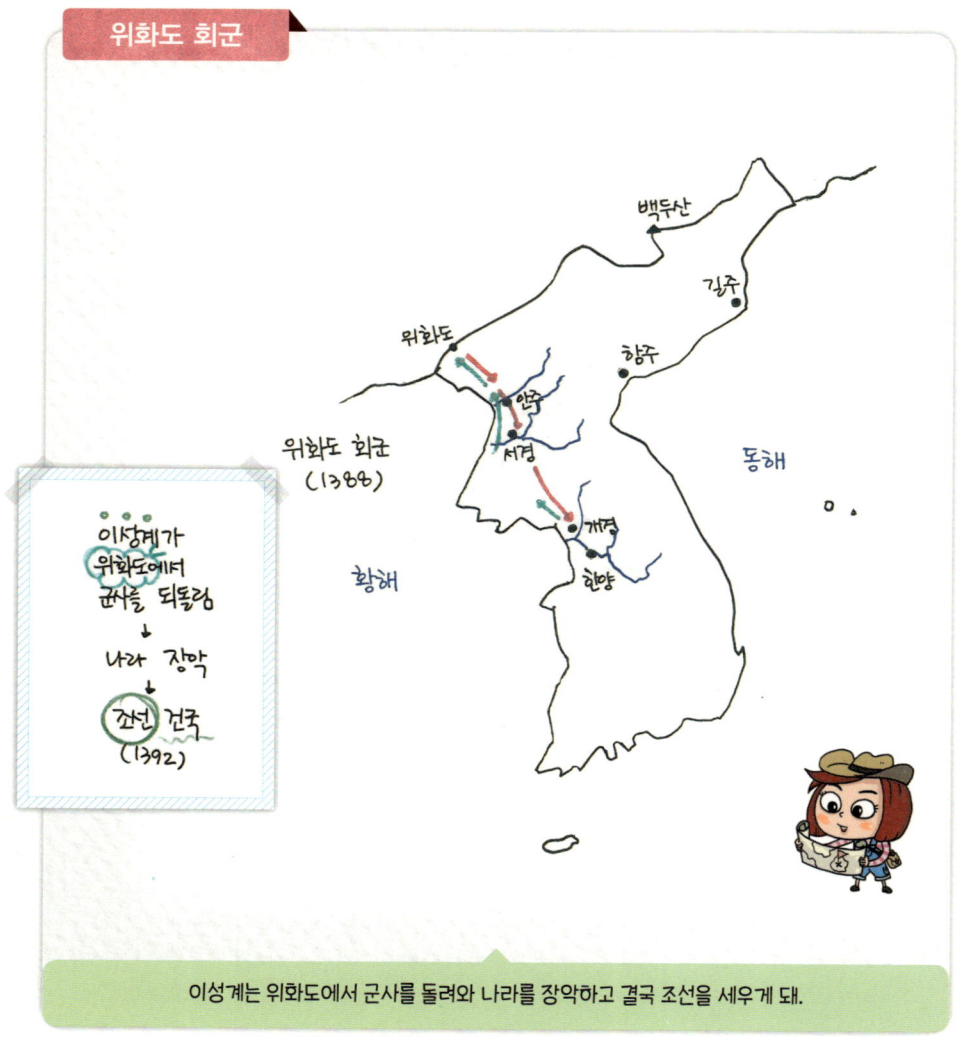

이성계는 위화도에서 군사를 돌려와 나라를 장악하고 결국 조선을 세우게 돼.

하지만 왕은 끝내 요동을 정벌하라는 명령을 내렸지. 이성계는 요동으로 출발하긴 했지만 위화도에서 군사를 돌려 다시 고려로 돌아왔어. 그러고는 권력을 잡고 최영을 비롯한 반대 세력까지 제거했지. 어지럽고 혼란한 고려를 마무리하고 새로운 나라를 세우려는 움직임을 시작한 거였어.

여기에 한때 뜻을 같이했던 신진 사대부는 정몽주를 중심으로 한 온건파와 이성계와 정도전을 중심으로 한 혁명파로 갈라지게 되었어. 온건파는 고려 왕조를 그대로 두고 정치 개혁으로 새로운 세상을 만들자고 주장했고, 혁명파는 고려 왕조를 무너뜨리고 새로운 나라를 세우자고 주장했거든.

이성계는 온건파인 정몽주 등의 세력까지 제거하고 고려 왕조를 무너뜨렸어. 드디어 1392년 신진 사대부의 추대와 고려 왕의 왕위 선양 형식으로 왕위에 오르면서 조선의 역사를 열었단다.

★ 여기서 **잠깐!** **조선의 도읍, 한양**

새 나라 조선의 도읍은 한양으로 정해졌어. 한양은 어떻게 도읍지가 될 수 있었을까?

한양은 국토의 중앙에 있고, 깊고 큰 한강이 있어 육로와 뱃길이 두루 통하는 교통이 편리한 곳이야. 또 넓고 평평한 분지가 있어 사람들이 모여 살기도 좋았지.

한양의 사방으로 험한 산이 이중으로 둘러싸고 있어 적의 침입을 막기에도 안성맞춤이었어. 그래서 이성계는 1394년 도읍을 한양으로 정하고, 도시를 건설하게 되었지.

유교적 예법에 맞춰 백악산 아래에 경복궁을 두고, 경복궁 왼쪽에 종묘, 오른쪽에 사직단을 만들어 왕이 머무는 도성의 모습을 갖추었지. 경복궁 앞 길 양쪽에 의정부와 6조, 사헌부 등의 관청을 짓고 큰길도 냈는데, 이 길을 육조 거리라고 불러.

한양은 앞서 말한 것처럼 북쪽의 백악산, 서쪽의 인왕산, 동쪽의 타락산, 남쪽의 목멱산으로 사방이 둘러싸여 있어. 이들 산과 산 사이를 이어 튼튼한 성벽도 쌓았지.

도성 안에는 4개의 산에서 흘러내린 물줄기가 모여들어 청계천을 이루었단다. 그 밖에도 사방에 길을 내고 시장과 학교, 관청, 평범한 집들도 세웠어.

도읍 한양을 드나드는 문들도 있었어. 동서남북에 커다란 4대문과 그 사이에 크기가 좀 더 작은 4소문이 있었지. 4개의 대문은 유교의 기본 덕목인 **인의예지신**으로 이름을 지었어. 흥**인**지문, 돈**의**문, 숭**례**문, 숙**정**문(지와 정은 비슷한 뜻이라 대신해 썼어.) 그리고 종로의 보**신**각까지, 이만하면 한 나라의 도읍으로서 모든 것이 잘 갖추어진 것이었어.

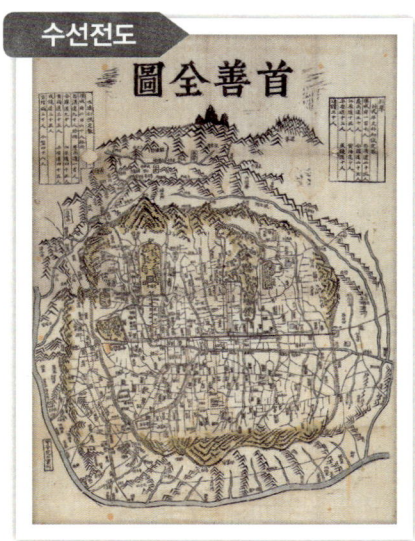

수선전도

김정호가 제작한 것으로 추정되는 지도로, 한양과 한양 근처의 모습을 담고 있어.

조선의 기틀을 다진 **태종과 세종**

새로운 나라 조선의 기틀을 다진 왕은 태종과 세종이란다. 태종은 왕권을 강화하고 제도를 개혁했으며, 백성들의 삶을 보살피는 정치를 펼쳤어. 태종은 이처럼 나라의 기틀을 잘 닦아 놓았지. 그래서 그 뒤 임금이 된 세종은 조선의 황금기를 열게 돼. 한글 창제를 비롯하여 과학, 의료, 서적 등에서 눈부신 업적을 쌓았단다.

그럼 먼저 태종 에 대해 알아볼까?

태종은 왕권을 강화하기 위해 중앙의 정치 조직을 정비했어. 국가의 군사가 아닌 개인의 군사인 사병을 폐지하고, 의정부를 통하지 않고 육조에서 직접 왕에게 보고하는 체계를 통해 왕권을 강화했지. 또 전국을 8도로 나눠 관리를 파견해 다스렸어. 호패법을 실시하기도 했지. 호패법은 16세 이상의 남자는 신분에 관계없이 모두 신분증인 호패를 가지고 다니도록 한 제도야. 호패에는 이름, 출생 연도, 신분, 거주지를 기록해 두었어. 호패는 서울은 한성부에서, 지방은 관찰사가 내주었는데, 다른 사람에게 빌려주거나 가짜로 만들어 내면 벌을 받았단다. 호패는 본인이 죽으면 나라에 되돌려 주어야 했어. 이것은 군역과 요역, 그러니까 군대에 보내거나 큰 나랏일이 있을 때 일을 시킬 사람들을 파악하는 중요한 수단이 되었어.

태종 때 정한 8도

태종 때부터 본격적으로 조선의 기틀을 마련 → 여러 제도 시행

한반도를 8개 도 행정 구역으로 나누고 각 도마다 관리를 보내 다스렸어.

새 나라가 들어섰으니 새 인재를 키우는 일 또한 중요했겠지? 태종 때부터 시작해 세종 때까지 교육 제도가 정비되었어. 지방에는 향교를 짓고, 한양에는 4부 학당을 두어 서당을 마친 학생들이 더 공부할 수 있도록 했지.

오늘날의 대학에 해당하는 성균관도 있었는데, 성균관에는 과거의 첫 시험인 초시에 합격한 사람만이 들어갈 수 있었다고 해. 조선 중기에는 지방에 개인이 세운 사립 학교도 세워진단다. 바로 서원이야. 이곳 역시 성균관처럼 입학 자격이 엄격했어. 양반의 자제 중에서 자격 요건을 갖춘 사람만이 들어갈 수 있었지.

세종의 업적

여기에 조선의 문화와 과학이 발달하면서 황금기를 맞은 때는  시기야.

세종은 먼저 영토를 확장하고 국방을 강화하는 데 힘을 쏟았어. 최윤덕과 김종서를 시켜 압록강과 두만강 유역의 여진족을 몰아내고, 4군과 6진을 설치하여 지금의 국경선을 확정 지었어. 이종무는 왜구의 소굴인 쓰시마를 정벌하고 쓰시마 도주의 항복을 받아냈지. 쓰시마 섬 정벌은 고려 말부터 우리나라를 괴롭힌 왜구의 침략을 막아 나라를 안정시킨 중요한 일이었어.

국가의 근간은 백성이라고 생각했던 세종은 백성을 위한 정치를 펼치려고 노력했어. 집현전을 설치하여 우수한 인재를 등용했고, 이들에게 학문 연구 및 여러 가지 제도의 개선, 서적 편찬 등의 일을 하도록 했어.

무엇보다도 세종 대왕의 가장 빛나는 업적은 한글 창제가 아닐까? 훈민정음은 세종 대왕이 집현전 학자의 도움을 받아 만든 우리의 문자로, 1446년 반포되었어. '백성을 가르치는 바른 소리'라는 뜻의 훈민정음은 한자와는 달리 소리 나는 대로 적을 수 있고 누구나 쉽게 배워 사용할 수 있지. 한자를 몰라 어려움을 겪던 백성들을 위해 쉽게 배우고 쓸 수 있는 우리글을 만들었던 거야.

조선 시대에는 주로 평민과 여자들이 한글을 배워 사용했는데, 그 뒤로 한글 소설 등 우리의 시와 문학이 발전하게 되었단다. 현재 전 세계적으로 가장 과학적이며 독창적이라는 평가를 받는 문자가 바로 이 한글이야.

옛 국가에서 가장 근본이 되는 일이 농사라고 말했지? 농사가 잘되어야 백성들이 살기 좋고 나라가 안정되는 법이었어. 그런데 농사는 날씨나 계절의 영향을 가장 많이 받아. 그래서 언제쯤 비가 올지, 가뭄이나 홍수가 나지는 않을지 늘 대비해야 했어.

세종 대왕 역시 농업의 발전을 매우 중요하게 여겼어. 그리고 이를 위해서는 먼저 과학 기술이 발전해야 된다고 생각했지. 그래서 신분에 관계없이 능력 있는 사람이라면 누구든 뽑아 과학 기기를 연구하

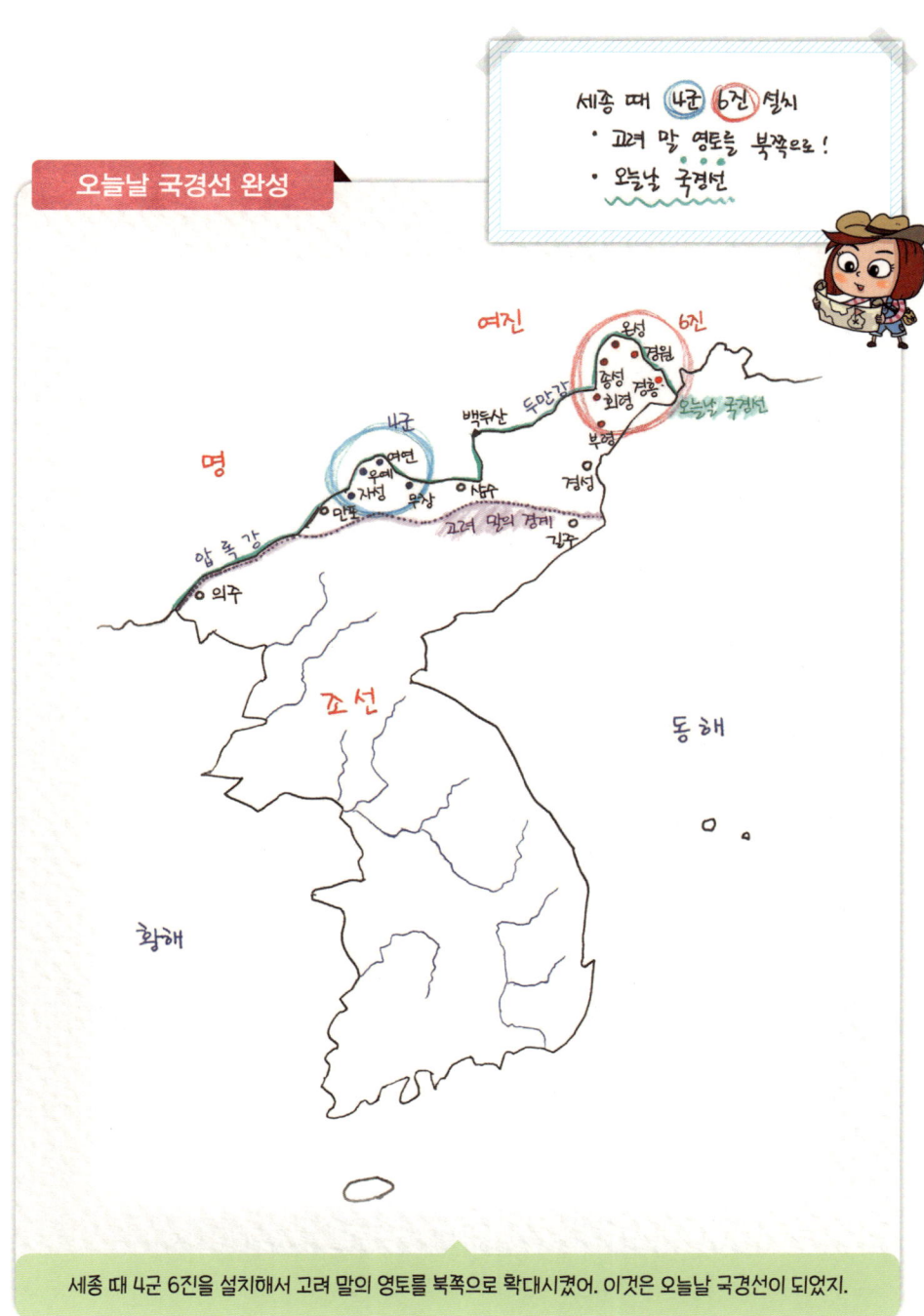

세종 때 4군 6진을 설치해서 고려 말의 영토를 북쪽으로 확대시켰어. 이것은 오늘날 국경선이 되었지.

고 만들게 했어.

장영실이라는 이름을 들어 본 적 있지? 장영실은 노비 출신이었지만 세종의 등용으로 여러 과학 기술 분야에서 큰 업적을 남겼어. 자동 물시계 자격루를 비롯하여 시간과 절기를 알 수 있는 해시계 앙부일

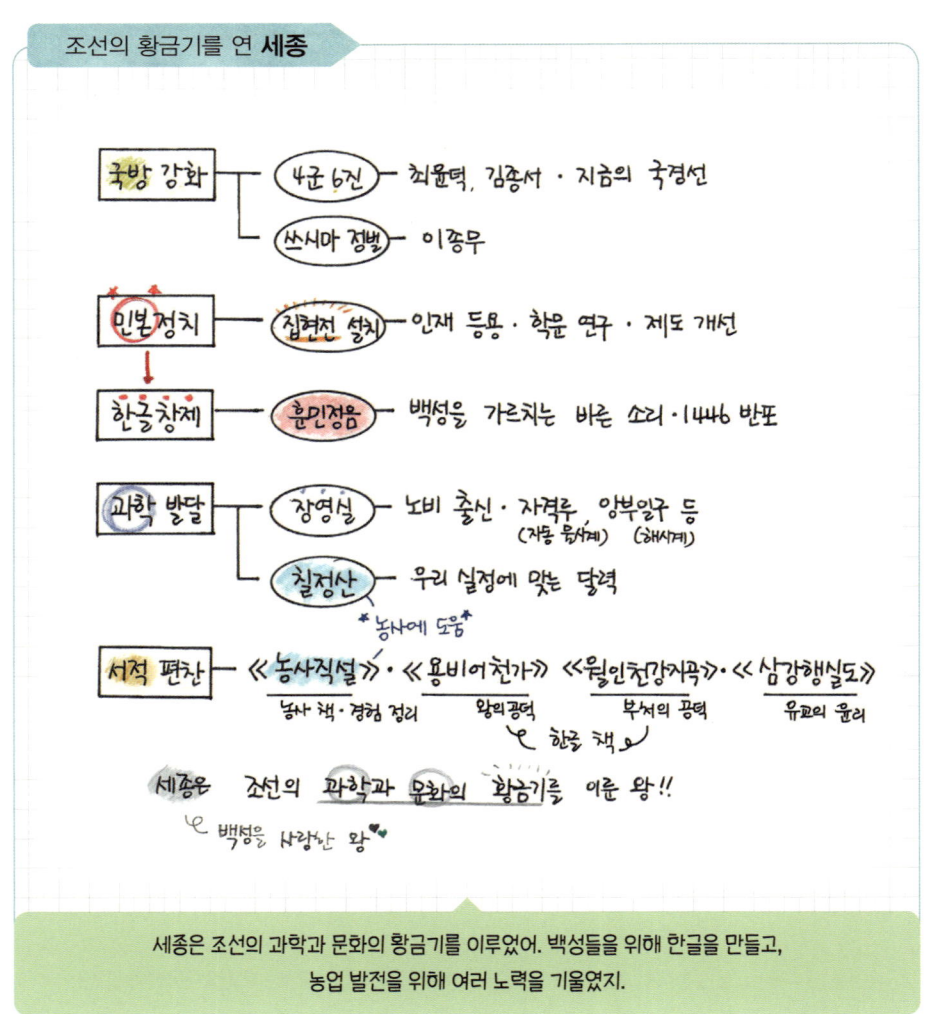

세종은 조선의 과학과 문화의 황금기를 이루었어. 백성들을 위해 한글을 만들고, 농업 발전을 위해 여러 노력을 기울였지.

구를 만들었고, 천문 관측기구인 간의, 혼천의, 규표 등으로 연구해서 우리나라에 맞는 달력을 제작했어. 바로 〈칠정산〉 내편과 외편이지. 비의 양을 측정하는 측우기를 비롯하여 수표, 풍기대 등의 자연 관측기구도 만들어 냈단다. 이러한 과학 기기의 발명으로 시간과 절기, 계절의 변화를 정확하게 알 수 있게 되었어.

세종은 농사에 도움을 주는 책도 만들어 보급했어. 우리나라의 기후와 실정에 알맞은 농사법을 모아 펴낸 《농사직설》이야. 전국 각지에서 오래 농사를 지은 농부들의 경험을 모아 정리한 책으로 보다 발달한 농업 기술을 널리 퍼뜨릴 수 있게 되었어.

또 세종은 창업기 여섯 왕들의 공덕을 적은 《용비어천가》, 부처의 공덕을 적은 《월인천강지곡》 등 한글 책도 여럿 만들었어. 특히 유교의 윤리를 담은 책 《삼강행실도》를 편찬해 백성들에게 유교적 가르침을 널리 전하고자 했어.

★ 여기서 잠깐! 수많은 기록을 남긴 기록의 나라, 조선

태종 때의 일이야. 태종은 무예가 뛰어난 왕이었어. 그런데 어느 날 사냥터에 나간 태종이 말에서 떨어지고 말았대. 태종은 이 일이 부끄러웠는지 사관이 알지 못하게 하라고 했지. 사관은 역사를 적는 사람으로, 왕의 모든 것을 기록하는 일을 맡았지. 그런데 사관은 태종의 그 말까지도 기록해 두었어. 오늘날까지 전해 오는 《조선왕조실록》에는 그날의 이야기가 이처럼 그대로 실려 있지.

사람들은 조선을 기록의 나라라고 불러. 그만큼 많은 기록을 남겼다는 뜻이야. 세계 기록 문화유산으로 지정된 《조선왕조실록》, 《승정원일기》, 《의궤》, 《일성록》 등이 모두 조선이 남긴 대표적인 기록이지.

《조선왕조실록》은 조선의 1대 왕인 태조부터 25대 왕인 철종까지 왕들의 행적을 기록한 책이야. 실록을 담당했던 사관들은 왕이 가는 곳이면 어디든지 따라가 왕과 신하들의 말과 행동을 자세히 기록했단다.

조선 왕의 행적을 기록한 책이야.

《조선왕조실록》 인조대왕실록

《승정원일기》는 조선 시대 왕의 비서실인 승정원에서 기록한 일기란다. 왕에게 보고되는 모든 나라 문서는 승정원을 통해 올라갔고, 왕의 명령도 이곳을 통해 전달되었어. 승정원에서는 이처럼 매일매일 정리한 문서를 한 달에 한 번 책으로 만들어 보관했다고 해.

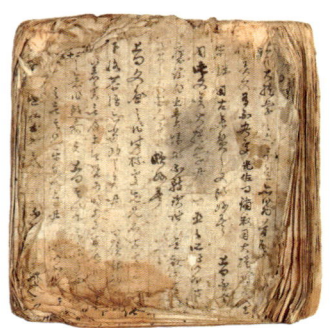

《승정원일기》

왕의 비서실에서 왕의 행정이나 사무 등을 모두 기록한 책이야.

《일성록》은 왕의 일기인데, 처음 시작한 왕은 정조였지. 세손 시절부터 일기를 썼던 정조는 왕위에 오른 뒤 자신이 써 오던 일기를 국가 기록으로 후대에 남기고 싶었어. 하루에 세 번 스스로 반성한다는 의미로 '일성록'이라고 불렀단다.

《의궤》(숙종인경왕후가례도감의궤)

왕실과 국가의 중요한 일을 글과 그림으로 남긴 책이야.

성종 때는 조선의 법전인 《경국대전》이 완성되었어. 이것은 조선 최고의 법전으로, 나라와 백성을 다스리는 기준이 되었어. 《경국대전》은 왕실부터 관리, 각종 세금과 의례, 백성들의 일반 생활에 적용되는 법까지 자세하게 밝히고 있는 수준 높은 법전이었어. 이로써 유교적 법치 국가의 틀을 완성해 냈지.

이 밖에도 지리서인 《동국여지승람》, 역사서인 《동국통감》, 음악에 관한 《악학궤범》을 편찬한 것도 성종 때란다.

고려가 불교로써 나라를 운영했다면 반대로 조선은 불교를 억압하고 유교를 숭상했어. 유교는 사람이 갖추어야 하는 도리인 '인의예지신'을 바탕으로 충과 효를 강조하는 사상이지. 다시 말해 사람답게 사는 길을 강조한 거야.

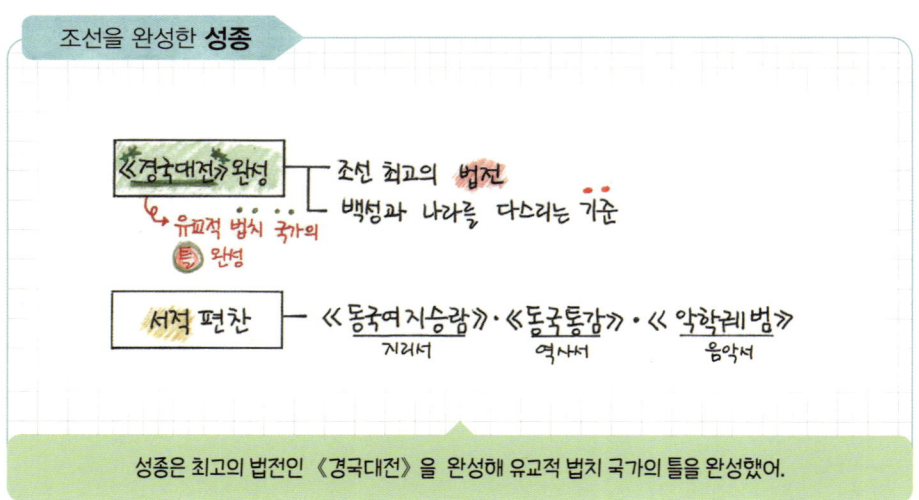

유교의 가르침을 배우고 실천하는 데는 '삼강오륜'과 '관혼상제'가 중요했어. 한양에서는 성균관과 사부학당에서, 지방의 군현에서는 향교에서 임금과 신하, 부모와 자식, 남편과 아내, 어른과 어린 사람의 역할과 도리를 지키는 '삼강오륜'의 가르침을 전했어. 그리고 각 가정에서는 살면서 치르는 여러 의례인 '관혼상제'를 유교의 예에 따르도록 권장했단다.

조선의 사회와 신분 제도

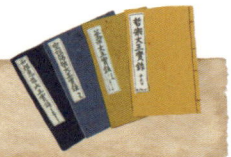

조선 역시 엄격한 신분제 사회였어. 신분에 따라 집의 규모, 탈 것, 입는 옷까지 모두 구분되었단다.

조선 초기에는 사람의 신분을 양인과 천인 두 가지로 나누었어. 그러다 시간이 흐르면서 양인 신분이 다시 양반, 중인, 평민으로 나누어졌지.

유교에서는 사람이 하는 일에도 차별을 두었다고 해. 사·농·공·상이라고 해서 귀한 일과 천한 일을 구분했단다. 신분에 따라 직업도, 생활 모습도 모두 달랐던 거야.

조선은 양반 중심의 사회였어. 양반은 주로 과거를 통해 관리가 되었지. 양반들은 학식, 교양, 예를 갖추어야 했기에 어릴 때부터 철저하게 유교 경전을 공부하고 유교 의식에 맞추어 생활했어. 7~8세가 되면 서당에서 기초적인 한자와 유교적 생활 방식을 배우고, 서당 교육이 끝나면 향교나 서원에서 공부하는 식이었지.

중인 은 양반을 도와 관청 일을 하거나 의학, 법률, 역관 등 주로 기술직에 종사하던 사람들을 말한단다.

상민 은 농업, 어업, 수공업, 상업 등에 종사하는 사람들이었어. 군대를 가고 세금을 내는 의무를 가진 가장 보통 사람들이었지. 상민의 대부분은 농민으로, 주로 초가집에서 살았어. 상민 여성들은 집안일은 물론이고 양잠(누에 기르기)과 길쌈(옷감 짜기) 일을 하기도 했어. 일반 백성보다 더 힘든 삶을 살았던 사람들이 있어.

바로 천민과 노비 야. 천민은 주로 백정이나 사당패 등 천한 일을 하던 사람들을 말해. 이들은 따로 마을을 이루고 살았지. 노비는 나라와 양반의 재산으로 여겨지던 사람들이야. 주인을 위해 여러 가지 일을 하며 살았지. 노비는 주인의 재산으로 취급하여 사고팔 수 있었다고 하니 가장 천한 신분이었던 거야.

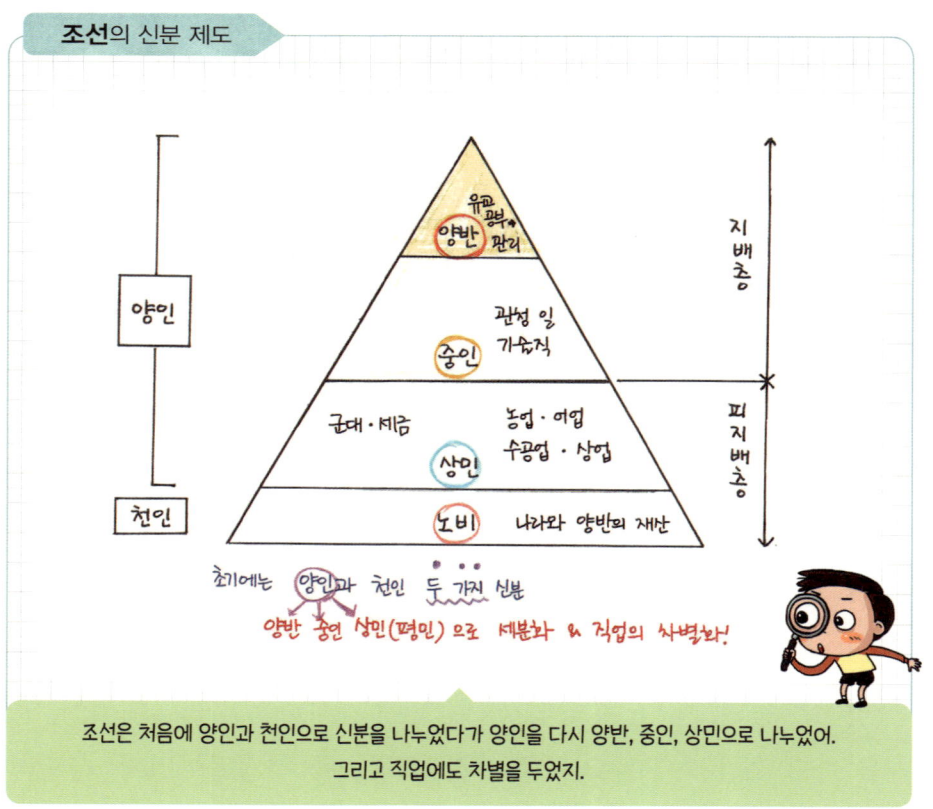

조선은 처음에 양인과 천인으로 신분을 나누었다가 양인을 다시 양반, 중인, 상민으로 나누었어. 그리고 직업에도 차별을 두었지.

조선 시대 여성의 삶은 어땠을까? 조선 전기 여성들은 고려 시대와 비슷한 지위와 권리를 누렸단다. 재산은 아들과 딸에게 고르게 분배하였고, 제사도 아들과 딸이 돌아가며 지냈지. 여자들은 혼인한 뒤에도 남편과 함께 오랫동안 친정에서 살았다고 해. 우리가 잘 아는 신사임당 역시 혼인하고도 강릉 친정집에서 살며 친정 부모를 모신 것을 보면 그 사실을 알 수 있지.

그러나 조선 중·후기 유교 질서가 굳어지면서 여성의 지위는 점차 낮아졌어. 부모가 죽은 뒤 재산을 물려받을 때도 전과는 다르게 시집간 여성이라고 하여 적게 받거나 제외되는 경우가 많았지. 또한 양반 여성은 유교식 예절을 철저히 지키며 집안 살림을 챙기고 자녀를 교육해야 했기 때문에 상민 여성보다 더 엄격하고 통제된 생활을 할 수밖에 없었어.

조선 사람들의 의식주와 생활

이제 조선 시대 사람들이 무엇을 먹고, 무엇을 입고, 어떤 곳에서 살았는지 알아볼까?

먹고, 입고, 사는 곳 중에서 가장 먼저 이야기되는 것이 의, 바로 입는 거야. 신분 제도가 있던 때에 옷은 신분을 나타내는 수단이기도 했기 때문에 그 중요성이 크지. 사계절이 뚜렷한 우리나라는 옛날부터 다양한 재료를 이용해 계절에 따라 알맞은 옷감으로 옷을 지어 입었어. 조선 시대 옷은 남성은 바지와 저고리, 여성은 치마와 저고리로 이루어진단다. 물론 시대에 따라 다소 달라지기도 했지만, 아래와 위가 한 벌이라는 기본 모양은 변하지 않은 채 이어져 왔어.

양반 여성의 치마는 폭이 넓고 길이도 길었어. 비단처럼 귀한 옷감에 금박을 입힌 화려한 옷을 입기도 했지. 반대로 서민 여성들은 무명이나 삼베로 만든 길이가 짧고 폭이 좁은 옷을 입었단다. 옷감이 귀해서 마음껏 쓸 수도 없었을뿐더러 일을 하려면 길고 풍성한 옷은 거추장스러웠거든.

양반 남성은 반드시 바지에 대님을 매고 버선을 신었단다. 저고리의 소매도 넓고 길었어. 외출할 때는 바지, 저고리 위에 도포, 창옷, 두루마기 등 포라고 불리는 여러 종류의 옷을 덧입었단다. 저고리 위에 덧입는 옷들은 양반의 신분을 나타냈기 때문에 중요하게 여겼어. 반대로 서민 남성은 소매가 좁고 짧은 저고리를

김홍도의 **행려풍속도**

김홍도의 그림에서 양반 선비의 옷차림을 볼 수 있어.

입었어. 바지 길이도 짧고 대님도 거의 매지 않았지. 일을 하려면 아무래도 길고 넓은 옷들은 불편했을 테니까.

이제 조선 시대 사람들의 먹을거리 를 알아볼까?
우리 민족은 밥을 주식으로, 반찬을 부식으로 하는 음식 문화를 가지고 있어. 지방마다 다른 환경과 기후에 따라 생산되는 농작물이 달랐어. 그래서 지방마다 독특한 고유의 음식이 만들어졌지.
농사가 주 생계 수단이었던 옛날에는 계절과 명절, 그리고 절기에 맞춰 그 시기에 나는 곡식과 과일로 색다른 음식을 만들어 먹었어. 여름과 겨울에는 더위와 추위를 이길 수 있는 음식을 먹기도 했지.
우리 민족이 가장 사랑한 반찬이라면 김치를 꼽을 수 있겠지? 신선한 채소를 먹을 수 없는 추운 겨울을 대비해 가을에 채소에 양념을 버무려 보관해 두었어. 김치, 장아찌는 예부터 겨울철의 중요한 먹거리였다고 해. 또한 우리나라 음식을 만드는 데 없어서는 안 될 고추장, 간장, 된장 등도 훌륭한 먹거리라고 할 수 있지.

조선 시대 사람들의 집 은 어땠을까? 집의 형태는 사회 제도에 따라, 신분에 따라, 주변 환경에 따라, 기후에 따라 각기 다른 모습을 보여 왔어.

유교를 숭상한 조선 시대에 양반들은 집을 지을 때도 유교의 가르침에 따라 지었어. 양반은 주로 규모가 큰 기와집에서 살았고, 조상을 모시는 사당도 지었어. 또 남자 어른은 사랑채에서, 여자들과 어린이는 안채에서 생활하도록 구분해 놓았단다. 어른과 어린 사람을 구분해 머무는 공간의 크기나 위치도 달랐지. 하인들 역시 주인과는 조금 떨어진 행랑채에서 생활했지.

어때, 위계질서에 따라 양반과 노비, 성별에 따라 남성과 여성의 공간을 엄격히 구분했다는 것을 알 수 있겠지?

하지만 일반 백성들은 주로 규모가 작은 초가집에서 살았어. 남녀의 생활 공간을 따로 구분할 수 없을 만큼 작은 두세 칸짜리 집이었지. 집 주위에는 싸리나무나 탱자나무로 울타리를 둘러 두었어.

기와집

양반들이 살던 기와집이야. 유교의 가르침에 따라 집을 지었고, 남자와 여자, 아이가 생활하는 공간을 구분했어.

사랑채

양반의 집에서 남자 어른이 지내는 곳이야. 손님들을 접대하는 공간이기도 했어.

조선 시대 사람들은 시간이 날 때 무엇을 하며 보냈을까? 조선 사람들의 여가 생활을 알아보자.

조선의 보통 백성들은 대부분 농사를 짓고 살았어. 봄에 씨앗을 뿌리고, 가을에 추수하는 것처럼 계절에 따라 꼭 해야 할 일이 있었지. 봄에 본격적인 농사일을 시작할 때가 되면 한 해 힘든 일을 무사히 끝내고 풍년이 되게 해 달라고 빌었어. 그렇게 제사를 지낸 다음에는 다 같이 음식을 나누어 먹으며 마을 일을 의논하고 연날리기나 씨름 등의 놀이를 벌였지. 그리고 가을에 추수가 끝난 다음에도 함께 모여 흥겨운 잔치를 했단다. 그러니까 백성들의 잔치나 세시 풍속은 모두 농사와 계절에 맞추어져 있었던 거야.

정월 대보름

새해의 첫 보름날이야. 농사의 시작을 의미하기 때문에 한 해 농사가 잘되기를 비는 마음으로 행사를 열었어.

집에서 여가를 보낼 때는 남자는 주로 짚으로 물건을 만들거나 연장을 다듬었고, 여성은 주로 옷감을 짜거나 집안일을 하며 시간을 보냈어. 양반들은 또 다른 여가를 즐겼어. 남성은 주로 시 짓기, 글쓰기, 활쏘기, 바둑 두기, 승경도(벼슬 게임) 놀이를 즐겼다고 해. 여성은 수를 놓거나 책을 읽으며 시간을 보냈지.

조선의 임진왜란과 병자호란

조선이 건국되고 초기에는 북방 민족들의 침입이 있었어. 하지만 그 뒤 조선은 200년 가까이 평화로운 시대를 이어 갔단다. 그런 조선에 큰 위기가 닥쳤어.

1592년 일본이 조선을 침략한 임진왜란이 일어났거든. 또 임진왜란이 끝난 뒤에도 청나라가 침략해 정묘호란과 병자호란이 일어나는 등 큰 전쟁이 계속되었단다.

임진왜란은 1592년 4월에 시작됐어. 전체병력에 20여만 명중 1번대 고니시의 군대 약 1만 8천명이 부산을 공략했지. 전쟁에 대한 아무런 준비가 되어 있지 않았던 조선은 제대로 싸워 보지도 못했지. 도읍 한양이 금방 점령되고, 선조 임금은 개성으로, 평양으로, 의주로 피난을 떠나게 되었단다.

일본은 신식 무기인 조총을 가지고 있어서 조선의 군대는 당해 낼 수가 없었어. 하지만 곧 전국 각지에서 내 가족, 내 마을, 내 나라를 지키려는 의병과 승병이 일어나 일본군과 치열하게 싸웠단다. 나라의 군대도 전열을 가다듬어 반격 태세를 갖추었지. 명나라도 조선을 돕기 위해 군대를 보내기로 했고 말이야.

일본은 바다를 통해 조선의 곳곳을 장악하려고 했어. 하지만 이는 이

임진왜란

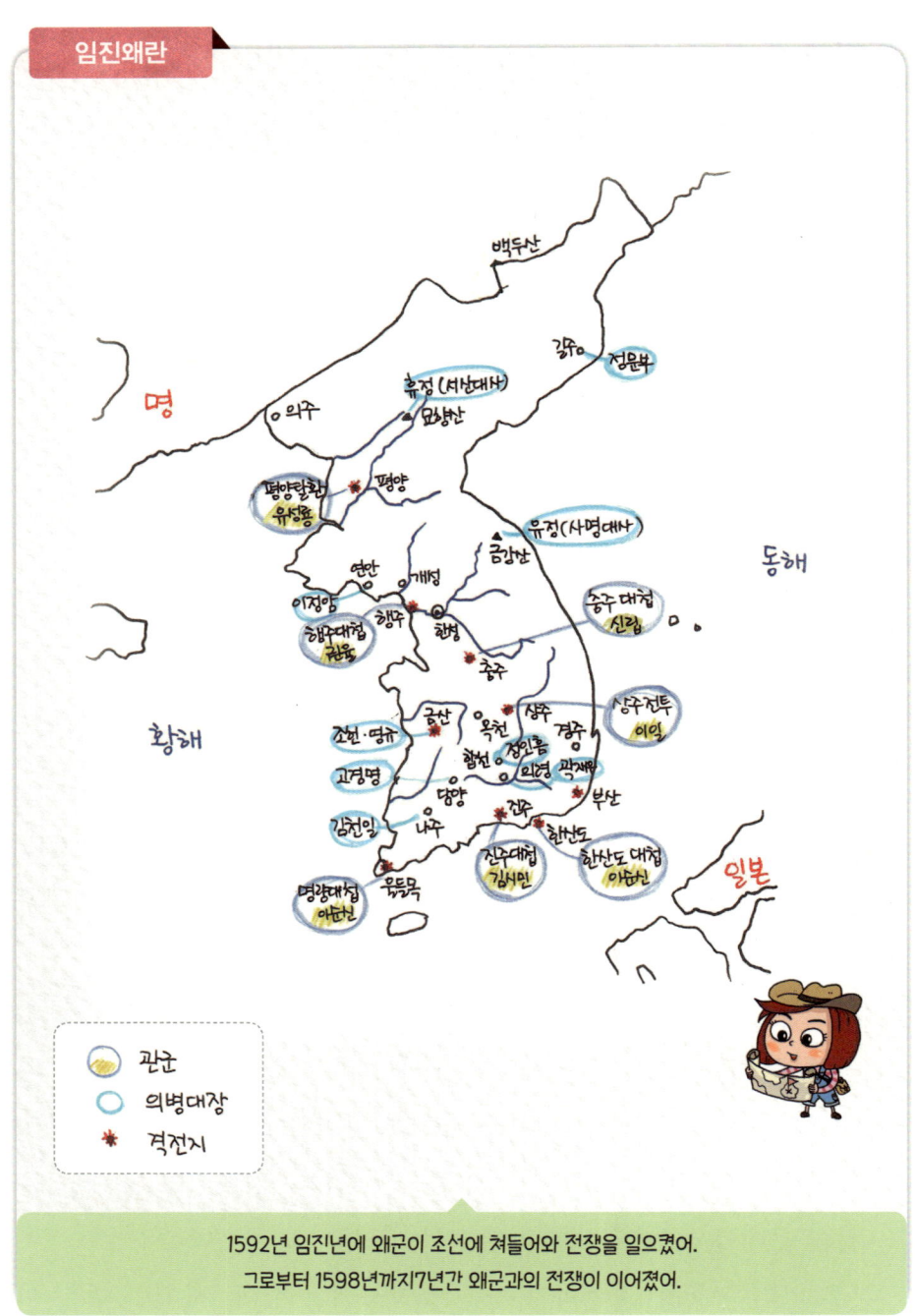

1592년 임진년에 왜군이 조선에 쳐들어와 전쟁을 일으켰어.
그로부터 1598년까지 7년간 왜군과의 전쟁이 이어졌어.

순신 장군과 조선 수군 덕분에 실패로 돌아갔지. 이순신은 일본의 배 70여 척을 한산도 앞바다로 꾀어내 학익진을 펼쳐 큰 승리를 거두었지. 이순신이 승리로 이끈 전투 중 한산도 대첩은 일본에 유리했던 전세를 단숨에 바꿔 버린 위대한 전투였단다.

★ 여기서 잠깐! 임진왜란을 승리로 이끈 조선의 무기

임진왜란을 승리로 이끈 주인공 중 하나가 판옥선 이야. 조선의 배 판옥선은 일본 배보다 키가 크고 튼튼해서 잘 부서지지 않았고, 대포를 많이 실을 수 있었어. 또 강력한 대포를 발사해도 충격을 잘 견뎌 냈지. 가까이서 적과 맞서 싸

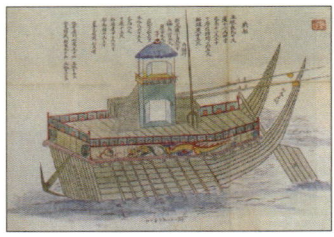

판옥선

우기보다 대포를 많이 싣는다는 장점을 잘 살려 먼 거리에서 포사격을 하면서 적을 혼란에 빠뜨렸단다.

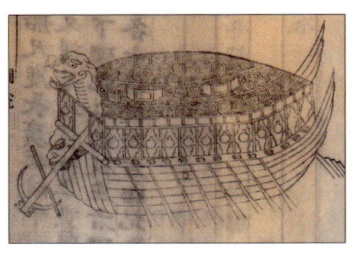

거북선

우리가 너무나 잘 알고 있는 거북선 역시 일본군이 아주 무서워했다고 해. 거북선은 주로 공격용으로 쓰인 돌격선이었는데, 배 위에 갑옷을 입은 듯 못으로 두른 철갑선이어서 적군이 거북선 위로 뛰어들 수가 없었다고 하지.

임진왜란 때 큰 활약을 한 비장의 무기가 있어. 바로 비격진천뢰 야. 던지면 폭발하는 지금의 수류탄과 비슷한 무기이지. 임진왜란 때 화포장이었던 이장

비격진천뢰

손이 개발한 무기인데, 겉은 둥근 쇠공처럼 만들고, 그 안에 화약과 함께 날카로운 쇳조각을 넣었어. 폭발하면서 그 안에 있던 쇳조각이 사방으로 튀어 사람들을 다치게 하는 무시무시한 무기였지. 이것은 경주성을 되찾는 싸움과 행주대첩에서 사용되었어. 쇠공 안 대나무 관에 감긴 심지의 길이를 조절해 포탄이 터지는 시간까지 다르게 조정할 수 있었던 비격진천뢰는 일본군을 두려움에 떨게 한 조선의 신무기였던 셈이야.

임진왜란은 노량해전을 끝으로 7년간의 전쟁을 마치게 되었어. 전쟁은 끝났지만 조선은 엄청난 피해를 입었어. 농사지을 땅은 3분의 1로 줄었고, 백성들도 수없이 많이 죽거나 다쳤어. 조선의 도공, 학자, 인쇄 기술자 등 많은 기술자들이 일본에 포로로 끌려갔단다.

임진왜란이 끝나고 전란을 완전히 극복하기도 전에 조선은 또다시 전쟁에 휘말렸어. 바로 병자호란 이야.
병자호란은 조선에 씻을 수 없는 치욕을 안겨 준 전쟁이란다. 당시 중국에서는 명나라가 약해지면서 만주를 차지한 청나라가 큰 힘을 가지게 되었어. 이들 명나라와 청나라 사이에서 균형 있게 외교를 펼치던 광해군이 임금에서 물러나자 문제가 생기기 시작했지.
청나라는 조선에 지나치게 많은 물자를 요구하며, 신하의 나라가 되라고 했어. 하지만 새로 왕위에 오른 인조는 청의 군신관계 요구를 수용할 수 없었어. 그러자 청나라 태종이 대군을 이끌고 조선에 쳐들어왔지. 이 전쟁을 병자년에 일어난 오랑캐의 난리란 뜻으로 병자호란이라고 부른단다. 남한산성에 피신했던 인조는 한 달여 만에 청 태종 앞에 무릎을 꿇고 항복해야만 했어.

병자호란의 피해는 임진왜란 때보다 심했어. 전 국토가 황폐해졌고, 청나라로 끌려간 포로가 50만 명에 달한다는 기록이 있기도 해. 소현 세자와 봉림 대군 등 조선의 왕자들은 물론 수많은 관리도 잡혀갔어. 조선은 결국 청나라의 신하 나라로 관계를 맺고 내부 사정을 감시당하기도 했단다. 무엇보다도 조선이 그동안 오랑캐라고 여기던 청나라에 항복했다는 것이 큰 충격이었어.

하지만 볼모로 끌려간 왕자인 소현 세자 는 오랑캐의 나라라고 무시했던 청나라가 서양의 문물을 받아들이고 발전해 가는 모습을 그곳에서 직접 목격하게 돼. 그리고 조선에 돌아가면 새로운 문물을 받아들여 나라의 힘을 키워야겠다고 마음먹지. 하지만 안타깝게도 급작스러운 죽음을 맞고 말았어.

그 뒤 왕위를 이어받은 효종은 청나라에 치욕을 갚고자 북벌 정책을 펴지만 이조차 실현되지 못했어.

두 차례의 큰 전쟁이 끝난 뒤 조선에는 큰 변화의 바람이 불었어. 이제 거듭된 전쟁의 상처와 피해를 딛고 다시 일어서는 조선 후기의 변화를 눈여겨보자.

조선 후기를 이끈 영조와 정조

영조와 정조는 임진왜란과 병자호란 이후 조선 후기에 등장한 임금들이야. 개혁을 실시하고 백성들을 위한 정책을 펴서 다시 한번 조선의 황금기를 열었지. 두 임금들의 이야기를 들어볼까?

"균역법을 실시하여 백성들의 세금을 줄이도록 하라!" 듣던 중 반가운 이 말은 누가 한 것일까? 바로 영조 란다. 당시에는 16세 이상의 남자들이 베 2필을 내면 군역, 그러니까 군대에 가는 일을 면제받았다고 해. 그런데 매일 먹고살기 바쁜 보통 백성들은 베 2필을 짜거나 구하는 일이 쉽지 않았어. 영조는 그런 백성들의 어려움과 불만을 덜어 주기 위해 베를 2필에서 1필로 줄이는 균역법을 실시했어.

영조의 또 다른 업적으로는 탕평책을 들 수 있어. 당시 조정의 정치 세력들을 먼저 알아볼까?

성종 때 정치 무대에 처음 등장한 사림은 여러 차례 어려운 일을 겪기는 했지만 결국 중앙 정치 세력이 되었어. 사림들은 선조 때부터 점차 생각과 의견을 달리하는 집단끼리 모여 당파를 형성했지. 이것을 붕당 정치라고 해. 붕당 정치는 다른 정치 집단들을 비판하고 경쟁하면서 보다 합리적인 정책과 바른 정치를 이끌어 갈 수 있다는 장점이 있어. 그러나 시간이 흐를수록 상대방을 깎아내리거나 자기 당파의 이익만을 위해 움직였지. 숙종 때에 이르러 당쟁은 더욱 심해져 나라가 혼란스러워질 정도가 되었어.

영조는 당쟁을 없애고 왕권을 강화하기 위해 탕평책을 실시했단다. 탕평책은 노론, 소론, 남인 등 어떤 정치 집단이냐에 관계없이 우수한 인재를 고르게 등용하는 거야. 영조는 성균관 입구에 탕평비를 세우고 그 뜻을 널리 알렸어. 영조의 뒤를 이어 정조도 탕평책을 계승하며 당쟁을 없애기 위해 노력했지.

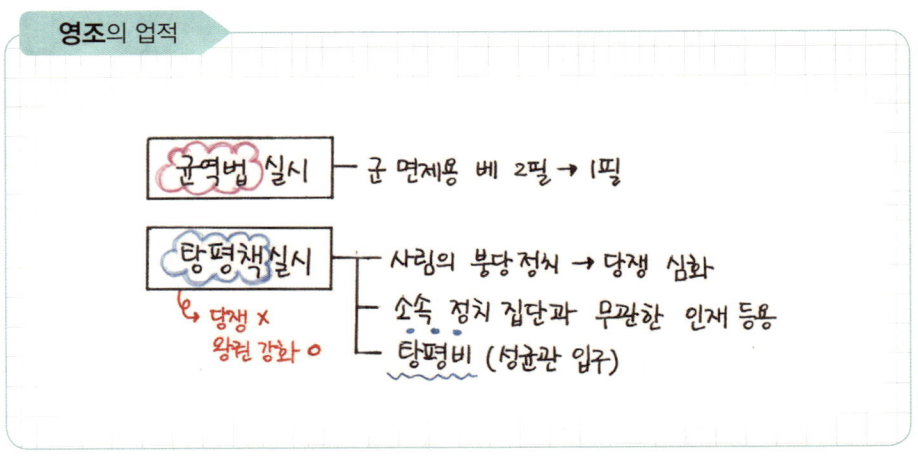

영조를 이은 정조 임금에 대해서도 알아보자. 정조는 어린 시절에 큰 아픔을 겪었어. 아버지 사도 세자가 뒤주에 갇혀 죽는 장면을 지켜봐야만 했거든. 사도 세자 역시 당쟁의 희생양이었어. 어릴 적 아픔을 똑똑히 기억하는 정조는 왕위에 오르자마자 정치와 정책에서 여러 가지 개혁을 시도했지.

가장 먼저 규장각을 새롭게 정비해 우수한 인재를 뽑아 학문에 전념하게 했어. 유능한 인재를 키워 개혁을 담당하거나 좋은 정치를 펼치는 임무를 맡게 했지. 규장각의 업무를 보조하는 검서관에 서얼 출신을 발탁해 신분의 제약에서 벗어나게 해주기도 했어. 이덕무, 박제가, 유득공, 서이수 등은 모두 서얼 출신의 규장각 검서관으로, 실학자로도 유명하지.

또한 농업 중심의 사회에서 상공업을 발달시켜 경제력을 높일 수 있도록 제도를 개혁했어.

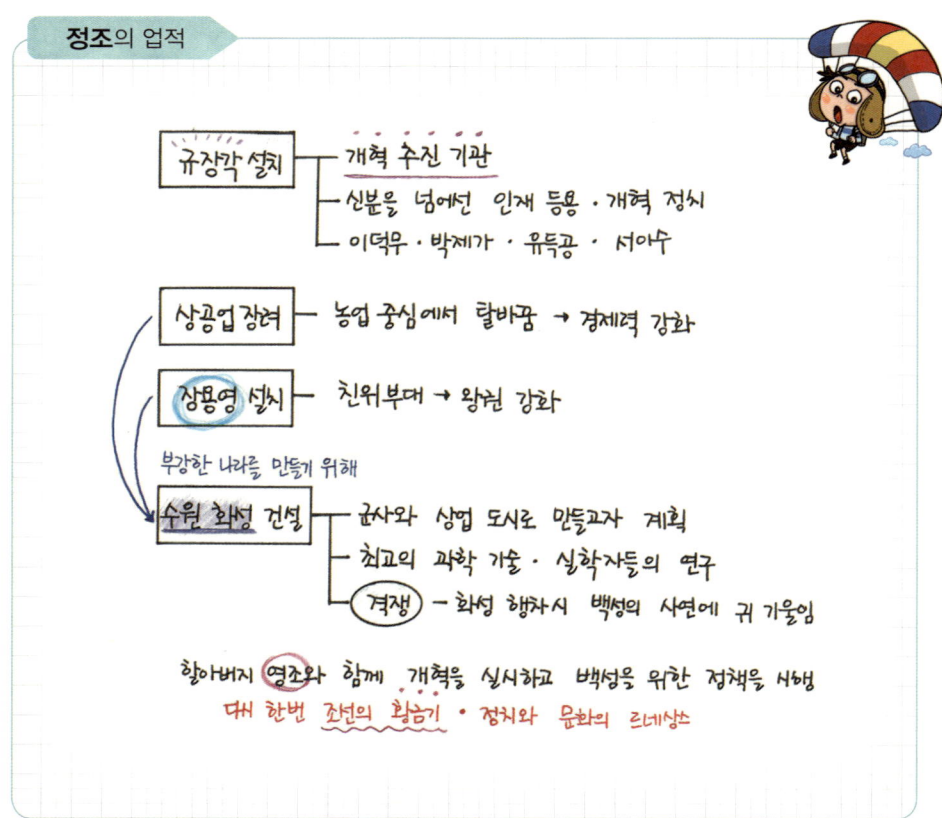

정조는 왕권을 강화하고 여러 가지 개혁을 성공시키기 위해 장용영이라는 친위부대를 만들기도 했어. 그뿐 아니라 새 도시 수원 화성을 건설하여 군사와 상업 도시로 만들고자 했단다.

> ★ 여기서 **잠깐!** **정조의 수원 화성**
>
> 정조는 변화하는 시대에 맞춰 상업을 장려하고 나라를 부강하게 만들고자 노력했어. 이에 걸맞은 도시로 건설된 것이 화성이야. 화성은 군사와 상업 도시로 만들고자 계획한 신도시라고 할 수 있지.
>
> 화성 건설에는 당시 조선 최고의 과학 기술이 동원되었을 뿐만 아니라 정약용이나 채제공, 조심태 등 뛰어난 실학자들의 연구와 노력이 담겼어. 이렇게 변화하는 시대에 새로운 상업 도시를 만들려는 시도가 활발히 진행되던 중 정조는 갑작스럽게 죽음을 맞이했어. 그 후 안타깝게도 화성은 사람들의 기억에서 사라져 갔지.
>
>
>
> **수원 화성 장안문**
>
> 생전에 정조는 이곳 화성을 오가며 백성들의 소리에도 귀 기울였다고 해. 백성들은 정조의 행차 때 꽹과리를 두드리면서 억울한 사연을 이야기했다고 해. 이것을 '격쟁'이라고 하지. 그러면 정조는 백성들의 어려운 이야기를 듣고 이를 해결해 주기도 했단다.

조선 후기 불어닥친 새바람

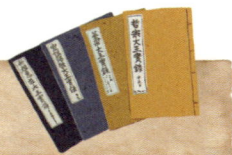

조선 후기에는 농업 중심의 사회에서 한 발 더 나아가 다양한 산업이 발달하기 시작했어. 특히 상업과 농업이 이전보다 더욱 발달하면서 부상과 부농까지 생겨났지. 반대로 양반들은 몰락하기도 했어. 그러면서 신분제 사회가 흔들리게 되었지.

일반 백성들이 경제적으로 부유해지면서 서민 문화가 발달하고, 중국을 통해서는 서양의 새 문물이 들어왔어. 젊은 학자들 사이에서는 이론보다는 실생활에 도움이 되는 학문을 연구하자는 움직임이 시작되었어. '실학'이라고 불리는 학문이 바로 그것이란다.

이 시기 농업 이 어떻게 더욱 발달했는지 자세히 알아볼까? 두 번의 전쟁 뒤에 농촌은 완전히 피폐해졌어. 이때 '모내기'라는 농사 기술이 널리 쓰이면서 농촌에 새바람이 불기 시작했어.

물을 공급하는 수리 시설이 부족했던 조선 전기에는 모내기를 금지했단다. 모내기를 하려면 일단 논에 물을 대야 해. 그래서 물이 많이 필요한데 한꺼번에 많은 물을 가져올 기술이 없었던 거야.

하지만 조선 후기가 되면서 기존의 저수지를 수리하거나 새 저수지를 더 만드는 등 물의 이용이 편리해졌어. 그러니 수확량을 늘릴 수 있는 모내기가 널리 퍼지게 되었지. 모내기는 모판에서 키운 튼튼한

모를 골라서 논에 심는 방법으로, 수확량을 늘릴 수 있고 잡초를 뽑는 횟수도 줄어서 일손을 아낄 수 있게 되었단다. 조선 후기에는 벼 같은 곡물뿐만 아니라 다른 작물들도 재배하기 시작했어. 외국에서 들어온 고구마, 감자, 토마토, 고추 등을 키워 먹을거리가 더욱 풍성해졌어. 또 담배, 인삼, 채소 등을 재배하여 팔면 많은 돈을 벌 수 있었어. 이런 특수한 상품 작물을 재배하여 시장에 팔면서 부자가 되는 농민들도 생겨난 거야.

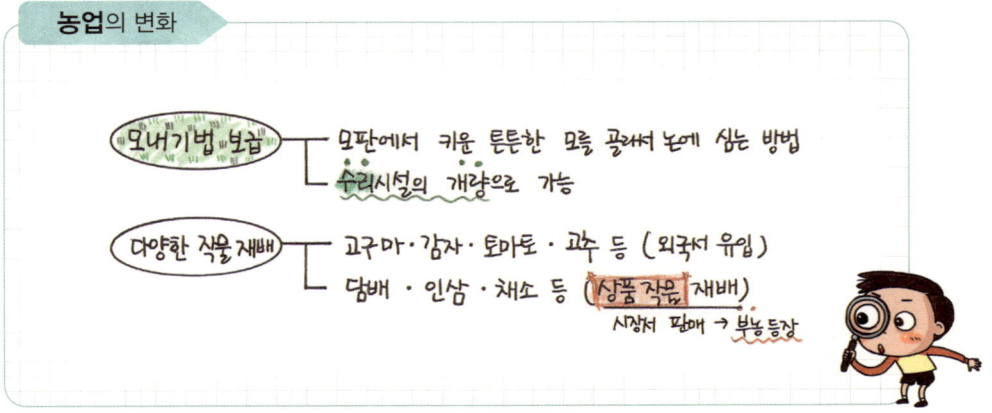

상업 도 발달했어. 사고파는 일이 빈번해지면서 곳곳에 시장이 생기기 시작했지. 특히 수공업 제품과 농촌에서 재배한 상품 작물을 사고파는 장이 크게 발달하면서 지방에서는 5일장의 형태로 시장이 생겨났어. 상업 활동이 활발해지면서 화폐인 '상평통보'도 만들어 썼어. 나라 안은 물론 나라 밖 청나라와 일본과의 무역도 활발해졌단

다. 상인들은 많은 물건을 사고팔며 큰 이익을 남겼단다. 그렇게 유명해진 상인들이 한강의 경강상인, 개성의 송상, 의주의 만상, 동래의 내상 등이었어.

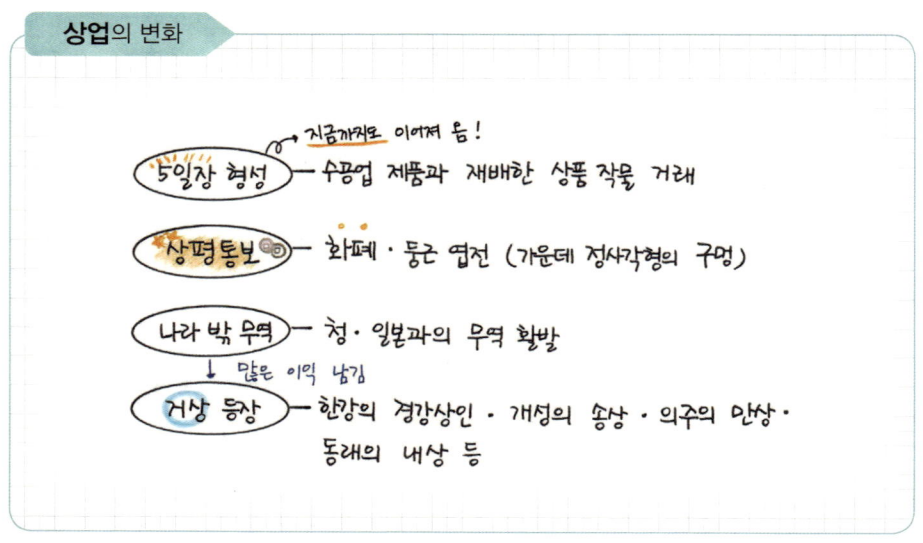

이러한 변화 가운데 신분 제도 도 흔들리기 시작했어. 임진왜란과 병자호란으로 나라 살림이 궁핍해지자 부자에게 돈을 받고 '공명첩'이라는 문서를 파는 일이 생겨났어. 공명첩은 받는 사람의 이름이 적혀 있지 않은 임명장이야. 다시 말해 중인, 상민, 노비도 돈만 있으면 양반이 될 수 있었던 것이지.

특히 농사와 장사를 통해 부유해진 상민들이 양반의 신분을 얻는 일이 많아. 그런데 이것은 좋지 않은 결과를 가져왔단다. 나라에 세금을 내지 않아도 되는 양반층이 크게 증가해 버린 거야. 반면 일반 백성들 중에서는 살림이 어려워져 떠돌거나 도둑이 되는 일도 있었어. 양반이 늘어나고 떠돌이 백성들까지 늘어나니 나라의 재정은 줄어들 수밖에 없었겠지? 그래서 신분 질서의 동요는 사회를 더욱 혼란스럽게 했단다.

조선의 서민 문화

앞에서 본 것처럼 조선 후기에는 농업 생산량이 늘어나고 상업이 발달하면서 일반 백성들도 경제적으로 여유가 생겼어. 서민들이 부유해지고 의식이 성장함에 따라 예술과 문화에도 관심을 가지게 되었지. 드디어 서민들이 향유하고 공유할 수 있는 새로운 문화가 생겨났는데 이러한 문화를 서민 문화 라고 해.

서민 문화 하면 떠오르는 대표적인 것 중 판소리와 탈놀이 가 있어. 판소리는 전라도에서 시작되었단다. 한국의 오페라라고도 불리는 판소리는 소리꾼과 고수 두 사람이 이끌어 가는 공연이지. 주로 사람이 많이 모이는 곳에 찾아가 공연하는데, 소리꾼의 역량에 따라 즉흥적인 노래가 불리기도 하는 등 관객이 함께 참여할 수도 있는 개방적인 공연이었어. 서민들의 예술로 시작된 판소리는 점차 양반들에게도 사랑받았고 궁궐에서 공연하기도 했어. 열두 마당으로 작품이 구성되었는데, 오늘날에는 그중 〈춘향가〉, 〈심청가〉, 〈흥부가〉, 〈적벽가〉, 〈수궁가〉 등 다섯 마당만이 전해지고 있단다.

역시 서민들의 큰 사랑을 받았던 탈놀이 는 한 사람이나 여러 사람의 연기자가 가면으로 얼굴이나 몸을 다 가리고 하는 연극이야. 탈놀이의 내용은 양반과 권위를 풍자하고 서민들의 애환을 담은 것들이 많단다. 〈하회별신굿탈놀이〉, 〈봉산탈춤〉, 〈송파산대놀이〉, 〈고성오광대놀이〉 등이 오늘날까지 전해지고 있어.

하회별신굿탈놀이

판소리도

이번에는 조선 후기에 유행하던 그림으로 넘어가 보자.

민화 는 조선 후기 서민들 사이에서 유행한 그림을 뜻해. 주로 이름 없는 화가들이 다양한 소재를 자유로운 형식으로 그렸지. 물론 민화가 유행하다 보니 도화서(그림을 담당하는 나라의 관청) 화원들도 즐겨 그렸다고 전해지지.

주로 복을 바라는 소망을 담아 그려진 민화는 산수화나 문인화처럼 품격 있고 세련된 그림은 아니지만 서민들의 소박한 생활과 생각이 담겨 있는 그림이라고 할 수 있어. 〈까치 호랑이〉처럼 익살스럽고 소박하게 그려진 그림을 통해서 당시 사람들의 소망을 알 수 있단다.

김홍도와 신윤복이라는 화가의 이름을 들어 본 적이 있지? 이들이 그린 풍속화 는 당시 살던 사람들의 의식주뿐만 아니라 다양한 생활상을 화폭에 담은 그림을 말해.

김홍도는 영조에서 정조를 거쳐 순조 대에 이르기까지 도화서에서 화원으로 활동했던 화가였어.

산수, 인물, 화조, 동물 등 못 그리는 그림이 없을 정도로 뛰어난 작품을 많이 남겼지. 그가 남긴 풍속화는 오늘날 큰 사랑을 받고 있단다. 백성들의 삶을 솔직하고 유머러스하게 표현해 지금까지 당시 사람들의 생활상을 생생하게 전해 주거든.

그는 25점의 풍속 그림을 모아

김홍도의 〈서당〉

신윤복의 《여속도첩》

《풍속화첩》이라는 그림책을 만들었어. 이 화첩 안에는 〈서당〉, 〈씨름〉, 〈춤추는 소년〉, 〈주막집〉, 〈기와이기〉, 〈대장간〉 등 널리 알려진 작품들이 실려 있단다. 《풍속화첩》 속 그림에는 몇 가지 공통점이 있어. 동그라미 구도와 짜임새 있는 구성, 또 배경 없이 인물 중심으로 그림을 그려서 인물이 하고 있는 행동을 강조하였다는 것이야.

신윤복 역시 정조 때의 화가로, 인물 풍속화로 유명하지. 그는 주로 양반과 기생 등을 그렸단다. 그 내용으로는 양반과 서민들의 불평등한 관계나 여성들의 생활 등을 이야기하는 것이 많았어.

조선 후기에는 백성들 사이에서 소설도 큰 인기를 끌었대. 18세기 후반에는 독특한 직업을 가진 사람이 나타났단다. 바로 '전기수', 즉 소설책을 읽어 주는 직업을 가진 사람이었지. 이렇게 소설을 읽어 주는 직업이 있는가 하면 소설책을 팔거나 빌려주는 가게도 있었어. 그만큼 소설이 인기가 많았다는 뜻이겠지? 당시 인기 있는 소설에는 《홍길동전》, 《콩쥐팥쥐》, 《춘향전》, 《장화홍련전》 등이 있었는데, 주로 서민들의 애환과 소망이 담긴 한글 소설이었어.

조선 후기의 종교와 사상

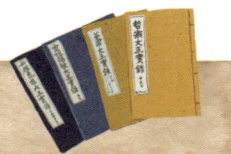

조선 후기에는 서양의 새 문물이 많이 들어오기 시작했다고 말했지? 조선은 처음에 어떻게 서양 문물을 받아들였을까?

17세기 무렵 서양 선교사들은 선교 활동을 위해 중국에 들어와 여러 가지 서양 문물을 전하게 되었어. 당시 중국에 파견되었던 조선의 사신들도 서양 문물에 처음 눈을 뜨게 되었지. 조선에 서양 문물을 들여오는 데 큰 역할을 한 것이 바로 이들이었단다.

이때 들어온 대표적인 서양 문물로는 천리경, 자명종, 〈곤여만국전도〉 등이 있어. 서양 문물의 전래는 사람들의 생각을 바꾸는 계기가 되었지. 중국만이 세계의 중심이라고 생각했었는데 더 넓은 세계가 있다는 것을 알게 된 거야. 서양의 과학 기술은 물론 서양의 종교에 관련된 책들도 전해졌단다.

천주교 는 중국에서 《천주실의》라는 책으로 처음 소개되었고 조선에도 들어왔어. 조선의 학자들은 처음에 이를 학문으로 연구했지만 점차 신앙으로 받아들이게 되었지. 모든 사람은 차별이 없이 평등하고, 누구나 천국에 갈 수 있다는 가르침은 당시 큰 호응을 얻었어. 천주교는 일반 백성들 사이에 널리 퍼지기 시작했지.

하지만 천주교를 믿는 백성들이 많아지면서 평등을 주장하거나 제사를 지내지 않는 사람들이 생겨나자 나라에서는 천주교 금지령을 내렸단다. 유교의 질서와 예법에 어긋날뿐더러 고유의 풍속을 해친다고 생각한 거야.

혼란한 조선 후기에 우리의 새로운 종교가 만들어지기도 했어. '사람이 곧 하늘이다'라는 인내천을 주장한 동학 이 바로 그것이란다. 동학은 최제우가 만든 종교야.
서양의 종교인 천주교, 그러니까 서학에 맞선다는 의미에서 이름을 동학이라고 지었지. 조선 후기 사회의 개혁과 변화를 이루기 위해서는 서양의 종교가 아니라 우리의 새로운 종교가 필요하다고 생각했던 거야.
그러나 역시 모든 사람이 평등하다고 주장하는 동학은 신분제 사회인 조선에서는 받아들여지기 어려웠어. 나라에서는 세상을 어지럽히는 종교라며 금지령을 내리고 최제우를 처형했단다.
최제우의 뒤를 이은 2대 교주 최시형은 여기저기로 숨어 다니며 동학을 전파했다고 해. 그리하여 경상도, 전라도, 충청도 지역까지 전파되었고, 3대 교주 손병희에 이르러서는 '천도교'라고 이름이 바뀌었어.
동학은 그렇게 백성들의 생활과 사상 속으로 깊숙이 들어갔어. 30년 뒤 전라도 고부에서 탐관오리의 수탈에 견디다 못한 농민들이 일으킨 동학 농민 운동 역시 동학 사상을 밑바탕에 두고 있단다.

조선 후기에는 농사 기술이 발전해 많은 땅을 혼자서 농사짓는 부농들이 생겨났다고 했지? 하지만 반대로 땅이 없는 가난한 백성들의 생활은 더욱더 어려워졌어. 또 정치와 사회가 어지러운 틈을 타 지방 관리들이 횡포를 부려 백성들은 고통스러워했어.

그런데도 당시 지식인이라고 불리는 유학자들은 실생활과 상관없는 이론을 두고 서로 논쟁하며 대립을 일삼았지.

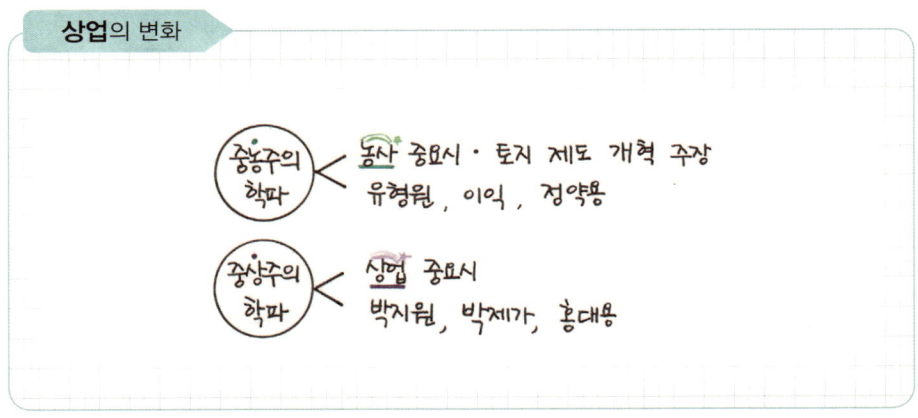

상업의 변화

그러자 일부 지식인들 사이에서는 실제로 백성들이 잘살 수 있고, 나라의 힘을 기르기 위한 실질적인 학문을 연구하자는 흐름이 생겨났어. 이런 학문을 실학, 이를 주장한 학자들은 '실학자'라고 해. 실학자들은 사회를 바꾸기 위해 정치, 경제, 사회 등 다양한 분야의 개혁을 주장했어.

실학자들은 농촌에서 가난하게 살아가는 농민의 현실과 부국강병에 관심이 많았어. 그래서 토지 문제나 잘사는 나라가 되는 길에 대한 연구를 많이 해 나갔단다.

그중 토지 제도를 바로잡아야 한다는 중농주의 학파에는 유형원, 이익, 정약용 등이 속해 있었어. 나라가 발전하려면 상업을 중시해야 한다는 중상주의 학파도 있었는데 여기에는 박지원, 박제가, 홍대용 등이 있었지.

그 밖에도 우리 것에 대한 관심이 높아져 역사와 지리, 국학에 대한 연구도 이루어졌어. 이때 나온 학자들과 책들에는 발해 역사를 밝힌 유득공의 《발해고》, 우리나라 산의 계보를 체계적으로 연구한 신경준의 《산경표》, 〈대동여지도〉를 제작한 김정호, 한글에 대한 연구서인 유희의 《언문지》, 뛰어난 해양 과학 서적으로 인정받은 정약전의 《자산어보》 등이 있단다.

★ 여기서 **잠깐!** **대동여지도**

〈대동여지도〉는 조선 후기의 지리학자인 김정호가 만든 한반도 지도야. 완성도가 뛰어난 전국 지도로 그동안의 조선 지리 연구 성과와 여러 지도를 집대성한 것으로 볼 수 있어.

〈대동여지도〉의 뛰어난 점을 하나씩 알아볼까? 첫 번째, 목판으로 제작한 우리나라 전국 지도로 필요한 만큼 인쇄할 수 있다는 점이야.

두 번째, 실제 생활에 이용할 수 있도록 산과 강, 도로 등을 자세하게 표시했지. 강은 곡선으로, 도로는 직선으로 그렸고 도로는 십 리마다 점을 찍어 거리를 표시했는데 말을 바꿔 타거나 여행자가 쉴 수 있는 역참도 표시되어 있어.

세 번째, 오늘날의 지도와 비교해도 큰 차이가 없을 만큼 정확하다고 해.

네 번째, 전국의 산줄기와 물길을 자세히 나타냈는데, 기호를 사용해서 다양한 정보를 알기 쉽게 표현했어. 산은 그 크기와 높이에 따라 굵기를 달리했고, 물길은 배가 다닐 수 있는 강은 두 줄기로, 배가 다닐 수 없는 강은 한 줄기로 표시했지.

〈대동여지도〉

정조 때 조선은 정치와 문화의 르네상스를 맞았어. 하지만 정조가 49세의 젊은 나이로 죽은 뒤, 순조와 헌종, 철종에 이르는 시기까지 왕권은 약해졌고, 임금의 친척이 권력을 잡아 세도 정치가 시작되었지. 몇몇 사람이나 가문의 번영만을 챙기려는 세도가들 때문에 백성들의 삶은 피폐해졌지. 견디다 못한 백성들은 고향을 떠나 떠돌이 생활을 하거나 민란을 일으키기도 했단다.

너무 많은 세금에 관리들의 부정부패까지 더해져 고통스러워하던 농민들이 전국에서 하나둘씩 들고일어났어. 그 당시에 일어난 대표적인 농민 봉기로 '홍경래의 난'과 '진주 농민 봉기'가 있단다.

홍경래의 난과 진주 농민 봉기

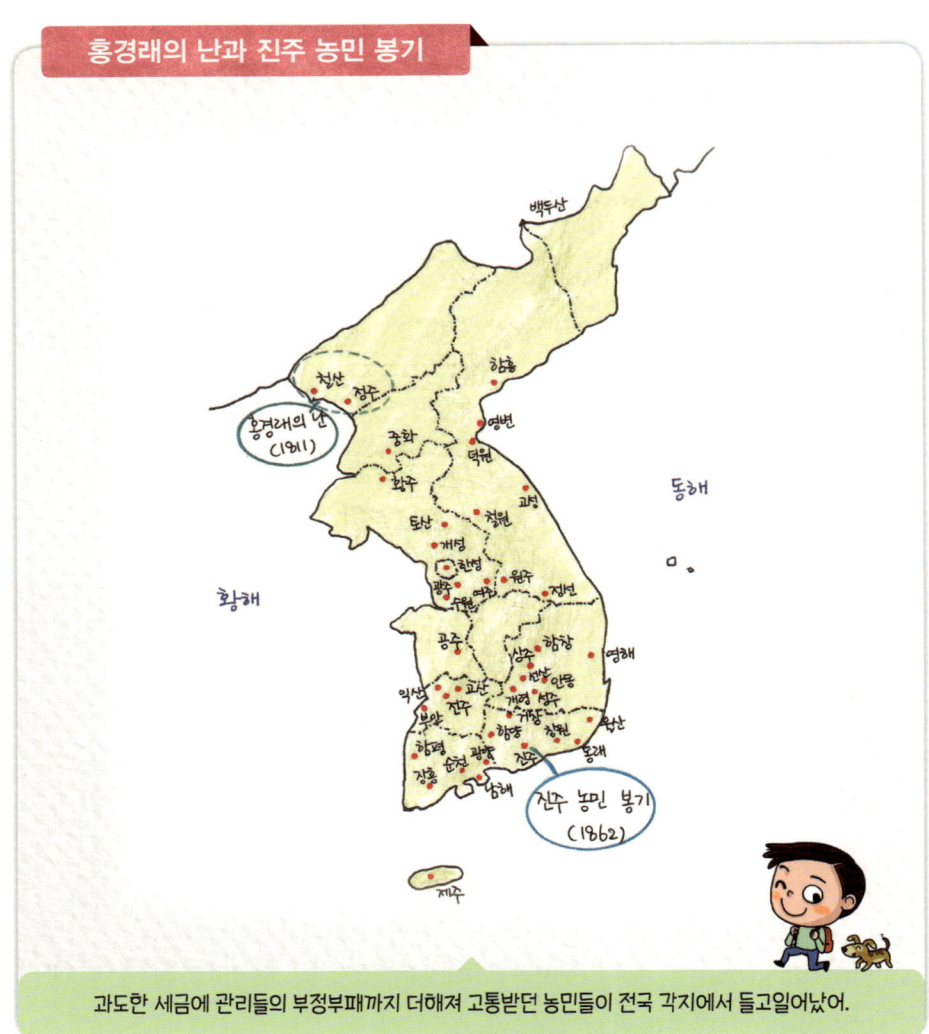

과도한 세금에 관리들의 부정부패까지 더해져 고통받던 농민들이 전국 각지에서 들고일어났어.

혼란한 세계 속에서 일어난
대한제국

11장

정조가 세상을 떠난 뒤 나라 안팎의 상황은 매우 급박하게 돌아갔어. 정조를 이어서는 어린 순조가 왕위에 올랐지. 그러나 순조는 너무 어렸기 때문에 나라의 권력은 외척들에게 넘어갔단다.

외척들은 자신이나 가문을 위해 권력을 사용했지. 순조, 헌종, 철종에 이르는 3대 60년에 걸쳐 안동 김씨, 풍양 조씨, 다시 안동 김씨로 이어지는 세도 정치 가 이어졌어.

한 가문이 정권을 독차지했다고 해서 세도 정치라고 불러. 백성들에게 너무 많은 세금을 걷고, 관리들마저 부패해 나라와 백성들의 삶은 매우 어려워졌어.

또한 나라 밖으로는 교류를 요구하는 여러 강대국들에 시달려야 했지. 이런 중대한 시기에 세도 정치를 끝내고 나라를 다시 바로 세우겠다는 인물이 나타났어. 누구인지 함께 알아보기로 하자.

세도 정치를 끝내고 나라를 바로 세우려 한 흥선 대원군

철종이 죽은 다음, 열두 살의 고종이 왕위에 올랐어. 고종 역시 나이가 어렸기 때문에 그 아버지 흥선 대원군이 나랏일을 이끌어 갔지. 세도 정치로 어지러워진 나라를 오래 지켜보았던 흥선 대원군은 나라의 기강을 바로잡고, 나라 밖 서양의 위협을 이겨 내야 한다고 생각했어. 그러려면 왕권을 강화해야 했지.

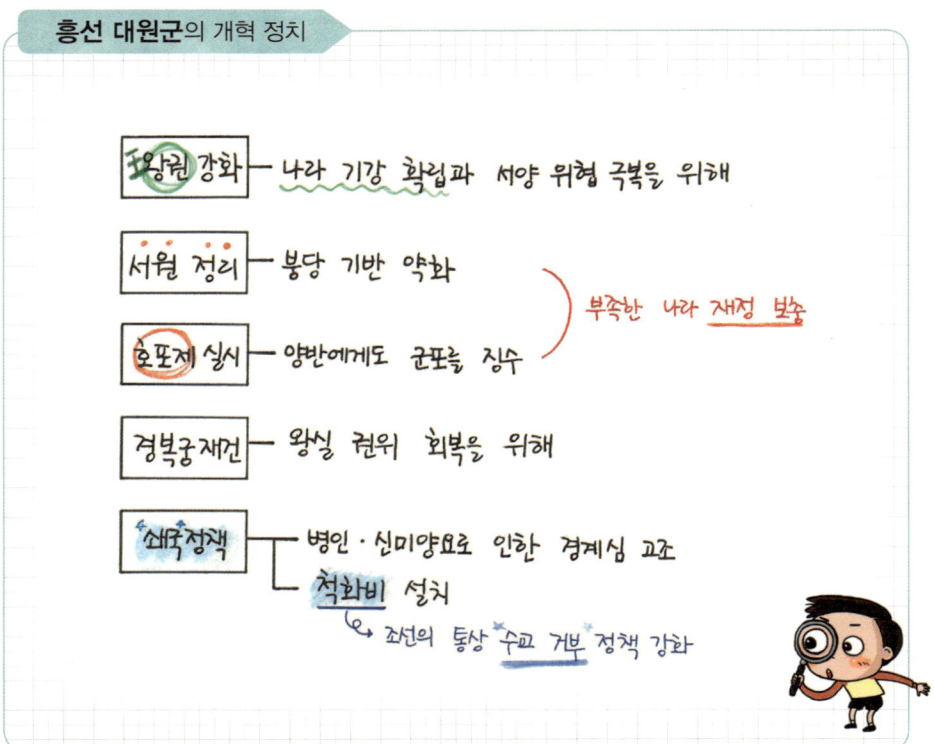

흥선 대원군의 개혁 정치

- 왕권 강화 ― 나라 기강 확립과 서양 위협 극복을 위해
- 서원 정리 ― 붕당 기반 약화
- 호포제 실시 ― 양반에게도 군포를 징수
  ⎬ 부족한 나라 재정 보충
- 경복궁 재건 ― 왕실 권위 회복을 위해
- 쇄국 정책 ― 병인·신미양요로 인한 경계심 고조
  └ 척화비 설치
    → 조선의 통상 수교 거부 정책 강화

그는 먼저 안동 김씨 세력을 몰아내고, 새 인재를 고루 뽑았어. 또 나라의 재정을 어렵게 하고 붕당의 온상이 되었던 지방의 서원들을 47개만 남기고 모두 정리했단다. 상민들의 과중한 군역 부담을 덜어 주기 위해 이제 양반들도 담당하도록 호포제를 실시했어. 이로써 부족한 나라 재정을 보충했지. 그리고 왕실의 권위를 되찾기 위해 임진왜란 때 훼손되고, 270여 년 동안 빈터로 남아 있던 경복궁을 고쳐 다시 짓기 시작했단다.

흥선 대원군의 개혁으로 정치의 폐단이 줄고, 나라의 재정이 늘어나자 백성들은 기뻐했어. 반면 양반들은 자신들의 기반이 되었던 서원을 없애고, 호포제로 세금까지 내야 하는 상황에 불만을 터트렸지. 또한 무리한 경복궁 공사로 백성들의 원망을 듣기도 했어.

서양 세력과의 두 번의 싸움, 병인양요와 신미양요

고종이 왕위에 오르고 흥선 대원군이 정권을 잡은 시기는 서양의 강대국들이 약한 나라들을 침략하여 식민지로 삼는 제국주의 시대였어. 조선의 강화도에서도 프랑스, 미국과 한 차례씩 전쟁이 일어났지.

1866년 9월 프랑스 군대가 강화도를 침략했어. 흥선 대원군이 천주교를 탄압하고 프랑스인 신부들을 처형한 것에 대해서 배상금을 지불하고 책임자를 처벌하라고 요구하면서 말이야. 그리고 프랑스와 통상 조약을 맺자고 했어.

하지만 조선 조정에서 아무런 대답이 없자 프랑스 군대는 한 달 동안 강화도를 점령하고 문화재를 약탈하는 등 많은 피해를 입혔단다. 이 사건이 바로 병인양요 야.

행궁에 보관 중이던 보물과 외규장각의 책을 가져가 버리고 강화도의 민가를 약탈하거나 불을 지르기도 했어. 이에 양헌수 장군이 이끄는 조선 군대는 정족산성에서 프랑스 군대와 싸워 이겼어. 이로써 프랑스가 물러가게 되었지.

1871년에는 미국이 군함을 보내 강화도를 침략했어. 1866년에 있었던 제너럴셔먼호 사건에 대해 자세히 밝히고 통상도 하자면서 말이야. 미국의 공격에 어재연과 조선군은 죽을힘을 다해 싸웠지만 모두 전사했어. 이것이 바로 신미양요 야.

끝내 조선 정부는 미국에 나라 문을 여는 것을 거부했단다. 미국 역시 조선과 당장 통상 조약을 맺기는 어렵다고 판단하고 조선의 바다에서 물러났어.

조선은 두 차례에 걸쳐 일어난 전쟁으로 서양에 대한 경계심이 높아졌지. 흥선 대원군은 전국 곳곳에 척화비를 세워 서양과 교류하지 않겠다는 뜻을 알렸어. '서양 오랑캐가 침범했는데 싸우지 않으면 화친을 주장하는 것이요, 화친을 주장하는 것은 나라를 팔아먹는 것이다.' 이는 척화비에 적혀 있는 내용이란다. 이렇게 조선의 통상 수교 거부 정책은 더욱 강화되었고, 조선을 침범하려는 서양 세력과 서양의 종교인 천주교를 미워하고 적대시하는 생각도 널리 퍼졌단다.

경복궁에 세워져 있던 척화비

외국과의 통상 조약과 근대화 노력

1875년에는 운요호라는 일본 군함이 강화도에 나타났어. 운요호는 해안 측량을 핑계로 강화 앞바다에 불법으로 들어왔지. 그러자 조선의 군인들은 멈출 것을 명령하고 포를 쏘았고, 운요호는 물러났어. 그런데 다음 해인 1876년 일본은 엉뚱하게도 운요호 사건의 책임을 물으며 조약을 맺을 것을 요구해 왔단다. 조선의 관리들을 위협하는 분위기 속에서 조선은 억지로 강화도 조약을 맺어야만 했어.

강화도 조약은 조선에서는 아무런 준비 없이 맺은 외국과의 첫 조약이었어. 당시 조선 관리들은 국제법에 대한 지식이 없었고, 일본의 강압에 따라 그냥 조약을 맺게 된 것이지.

조약 내용은 모두 12개 조항으로 되어 있는데, 대부분이 일본에 유리한 조항들로 이루어져 있어. 12개 조항 중 일부 조항을 확인해 볼까?

> 가. 조선은 자주국이며 일본과 평등한 권리를 가진다.
> 나. 조선은 부산 이외의 두 항구(인천, 원산)를 20개월 내에 개항한다.
> 다. 조선의 해안을 일본의 항해자가 자유로이 측량하도록 허가한다.
> 라. 일본인이 항구에 머무르는 동안 죄를 지은 사람은 일본법에 따라 일본 관리가 심판한다.

강화도 조약 이후 일본은 조선에 경제적인 침략을 계속했단다. 이 시기는 서양 세력이 동양을 침략하여 식민지로 만들던 제국주의가 막바지에 이른 때였어. 조선의 역사 또한 큰 영향을 받을 매우 중요한 시기였던 거야. 조선은 자주적으로 근대화를 이루어야 하는 숙제와 밀려드는 서양 세력에 대하여 능동적으로 대처해야 하는 숙제를 동시에 안고 있었어.

외세에 시달리던 조선은 자주적으로 근대화하려는 노력을 시작했어. 강화도 조약 이후 정부는 개화파를 중심으로 개화 정책을 추진했단다. 신식 군대인 별기군을 조직했고, 외국에서 새 문물을 배워 오도록 청나라와 일본, 미국에 사찰단을 파견했단다.

청나라로 간 영선사는 무기 제조법과 군사 훈련법 등을 배웠어. 이들은 톈진 기기국에서 9개월 동안 연수를 받고 조선으로 돌아와 신설된 기기국, 기기창, 전보국 등에서 일했단다.

일본에는 수신사와 더불어 여러 차례 시찰단을 파견했어. 정치, 군사, 과학 기술, 철도, 우편 등 여러 분야의 근대 문물을 시찰하게 했지. 시찰단은 일본 정부 기관과 각종 산업 시설을 직접 보고 돌아와 개화 정책을 추진했어. 또 미국으로 떠난 보빙사 일행도 있었어. 미국의 다양한 산업 시설과 첨단 문물을 시찰하고 돌아와서는 우정국 설치, 전기 회사 도입 등 조선의 근대화에 기여했지.

급변하던 국내외 정치

1882년의 일이야. 한양의 하급 군인들 사이에 소란이 일어났어. 앞에서 조선의 근대화 노력으로 신식 군대가 생겨났다고 말했었지? 신식 군대인 별기군은 제복도 새것이고, 월급도 예전 구식 군대에 비해 많이 받았어. 훈련도 일본 교관에게 받았지.

이에 반해 구식 군대는 심한 차별을 받았어. 13개월 만에 밀린 급료를 쌀로 받았는데, 모래와 쌀겨가 절반 이상 섞여 있었던 거야. 이에 분노한 구식 군대가 마침내 들고일어났어. 이들은 일본인 교관을 죽이고, 일본 공사관을 습격했지. 나중에는 가난한 백성들까지 이들과 손잡고 나라에 항의하기 위해 궁궐로 몰려갔어.

고종의 왕비 명성 황후는 성난 군중을 피해 충주 근처로 도망갔다고 해. 구식 군인들은 별기군을 만든 사람이 명성 황후라고 생각했기에 잡히면 무슨 일을 당할지 알 수 없었거든. 이 사건을 임오군란 이라고 해.

고종은 흥선 대원군에게 사태 수습을 맡겨 대원군이 다시 집권하게 되었어. 그러나 명성 황후 세력의 요청을 받은 청나라가 간섭하여 흥선 대원군은 납치되고 말았지. 이후 조선은 사사건건 청나라의 간섭을 받아야만 했어.

한편 일본은 임오군란의 책임을 묻고, 배상금을 요구했어. 결국 조선은 일본과 제물포 조약을 맺었는데, 이 조약으로 일본군이 조선에 주둔하는 것을 허용하게 되었어.

임오군란 뒤에는 갑신정변 이라는 사건이 또 일어났어. 개화 정책을 펼치는 데 있어서 보다 소극적인 온건파와 더 적극적으로 임해야 한다는 급진파가 있었는데, 급진 개화파들이 정권을 잡은 사건이었지. 이들은 우정국 개국 축하연 자리에서 난리를 일으키고 권력을 잡았어. 그런 뒤 여러 가지 근대적 개혁안을 발표했지. 이로써 조선에는 새바람이 불 것만 같았어.

하지만 그 꿈은 청나라 군대의 개입으로 3일 만에 끝나 버렸지. 급진 개화파였던 홍영식, 박영교 등은 죽음을 맞았고, 김옥균, 박영효 등은 일본으로 망명했단다.

갑신정변이 실패한 이유는 일본의 세력에 지나치게 의존하고 있었고, 당시 백성들의 지지를 얻지 못했기 때문이었어. 청나라가 갑신정변을 제압하면서 청의 조선에 대한 간섭이 더욱 심해졌단다.

천주교인 서학에 맞서 나온 우리 종교가 바로 동학이라는 이야기를 앞에서 같이 보았어. 조선에서는 날이 갈수록 관리들의 횡포가 심해지고 농민들의 생활은 더 어려워졌어. 이때 '사람이 곧 하늘이며 모든 사람은 평등하다'는 동학 사상이 농민들의 마음을 사로잡았지.
마침내 전라도 고부에서 농민들과 동학교도들이 들고일어나게 돼. 고부 군수 조병갑의 수탈이 상상을 초월할 정도로 심했던 거야. 온갖 명목의 세금을 거둬들이고, 농민들을 불러와서 저수지를 만들고 저수지 물을 이용할 때 세금까지 매겼다고 해.
그 일로 결국 동학 농민 운동 이 일어나게 된단다. 이 운동을 지휘한 사람은 녹두 장군 전봉준이었지. 농민들의 봉기에 놀란 정부는 청나라에 도움을 요청했어. 그러자 일본도 군대를 보내 가세했어.
조선의 농민들이 봉기를 일으켰는데 외국이 간섭하다니, 당시 조선의 조정은 그만큼 힘이 없었어. 농민들은 외세에 개입의 빌미를 주면 안 된다고 생각하고는 청나라와 일본 군대는 물러가라고 하면서 스스로 봉기를 멈추었어.
그러나 청나라와 일본군은 물러나지 않고 끝내 우리 땅에서 전쟁을 일으켰단다. 결국 일본은 이 전쟁에서 승리하고 조선에서 주도권을 잡게 되었지.

이에 동학 농민군은 외세를 몰아내자며 다시 일어났어. 동학 농민군은 일본군과 전라도 각지에서 전투를 벌였지만 안타깝게도 지고 말았단다.

동학 농민 운동 이후, 일본의 입김으로 구성된 김홍집 내각은 개혁을 추진했단다. 바로 갑오개혁 이야. 봉건적인 제도를 근대적인 제도로 바꾸는 정치와 경제, 사회 전반에 걸친 개혁이었지. 하지만 이번에도 준비가 부족했어. 또한 일본에 지나치게 의존하고 있어서 백성들의 지지를 얻지도 못했지.
갑오개혁의 주요 내용을 살펴보면 동학 농민 운동 때 나온 백성들의 요구가 반영되어 있어.

- 청에 의존하지 않으며, 자주 독립국의 기초를 세운다.
- 과거 제도를 폐지하고, 신분과 가문에 관계없이 인재를 뽑는다.
- 과부의 재혼은 자유에 맡긴다.
- 노비 제도를 없앤다.
- 각종 세금은 돈으로 낸다.
- 도량형을 통일한다.
- 양반도 상업을 할 수 있게 한다.

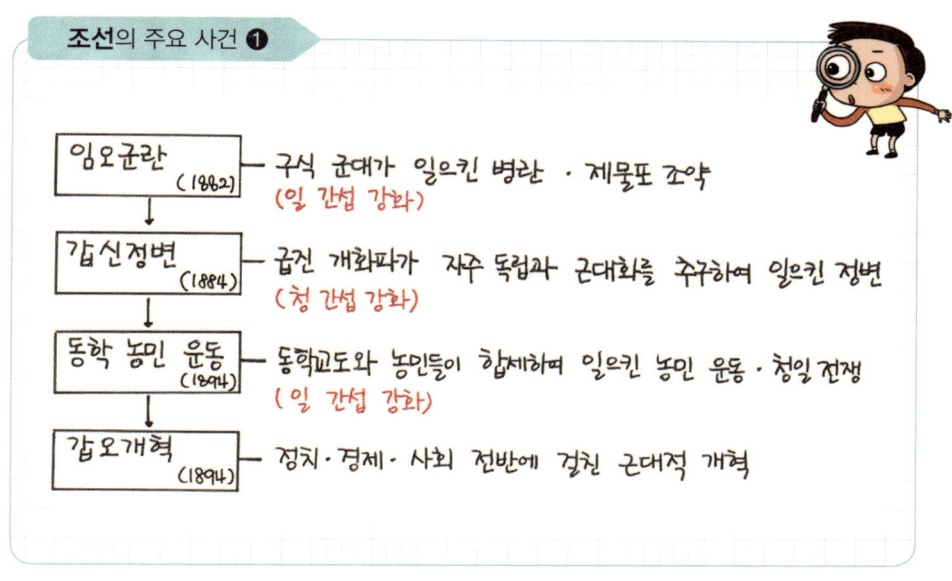

고종의 **대한제국** 선언

일본은 청일 전쟁 뒤에 고종을 위협하며 일본에 우호적인 사람들을 주요 관직에 앉혔어. 일본의 의도를 파악한 고종은 러시아의 힘을 빌려 일본을 막으려 했어.

일본은 이것이 못마땅했어. 일본은 조선을 식민지로 만드는 데 가장 큰 장애물이 러시아 세력을 끌어들인 명성 황후라고 생각했지. 그래서 1895년 명성 황후를 죽이고 시신을 불태워 버리는 끔찍한 범죄를 저질렀단다. 이 일을 을미사변 이라고 해.
커다란 위협을 느낀 고종은 일본의 감시가 소홀한 틈을 타서 러시아 공사관으로 피신했어. 당시 러시아를 아라사라 불렀기 때문에 이를 아관파천 이라고 하지. 고종이 러시아 공사관에 머무르는 동안에도 서양의 열강들은 금, 은 등의 광산 채굴권, 산림 채벌권, 철도 부설권 등 조선에서 많은 이익을 챙겼단다.

아관파천을 전후로 몇몇 개화파 인사들은 독립 협회 를 만들었단다. 중국과 일본, 서양 열강들로부터의 독립을 바라는 뜻을 모아서 말이야. 이들은 독립문을 세우고, 《독립신문》을 만들어 나라 안팎의 소식을 백성들에게 알렸지. 강연과 토론을 하는 만민공동회를 열어 나랏일을 토론하기도 했지.
독립 협회를 중심으로 한 백성들은 고종이 다시 궁궐로 돌아와 나라를 바로 세워 주기를 바랐어. 이에 고종은 1년 만에 경운궁(덕수궁)으로 돌아오게 돼.

1897년 2월 경운궁으로 돌아온 고종은 그해 10월 문무백관을 거느리고 환구단에 나아가 하늘에 제사를 올린 후 황제로 즉위했어.
연호를 '광무'라 하고 국호를 '대한'으로 정한 후, 대한제국 이 자주 독립국임을 선포한 거야. 오늘날 헌법에 해당하는 '대한국 국제'도 발표했지.

그 뒤 대한제국은 여러 가지 개혁 정책을 실시했어. 도로를 정비하고 도시 공원을 만들었고, 전기 시설과 철도를 도입했어. 공장과 회사, 근대 학교를 세우고 서양식 시스템을 받아들이기도 했지.

고종은 비록 독립 국가인 대한제국을 선포했지만 대한제국은 여전히 강대국들의 영향 아래에 있었어. 대한제국을 차지하려고 혈안이 되어 있던 일본은 러시아와 또 전쟁을 벌이게 되고 결국 승리한단다. 이제 거칠 것이 없어진 일본은 고종을 협박하고 친일 대신을 압박해 강제로 을사늑약 을 맺었어. 일본이 우리의 외교권을 빼앗는다는 내용을 담은 조약이었단다. 이 조약의 부당함을 세계에 알리기 위해 고종은 네덜란드 헤이그에 특사 를 보냈지만 소용이 없었어. 게다가 일본은 이 일을 구실로 고종을 강제로 황제의 자리에서 물러나게 했어.

새 황제가 된 순종은 아버지 고종이 남아 있는 경운궁에 '덕수'라는 궁호를 내렸어. 아버지 고종이 '덕을 누리며 오래 살라'는 의미를 담아서였지. 이때부터 경운궁은 덕수궁으로 불리게 되었단다.

대한제국은 1897년에 시작하여 한일 병합으로 일본의 식민지가 될 때까지 약 13년 동안 이어졌단다. 자주적인 근대 국가 건설을 꿈꾸었지만 끝내 일본의 침략을 막아 내지 못하고 식민 지배를 받는 처지로 전락하고 말았지.

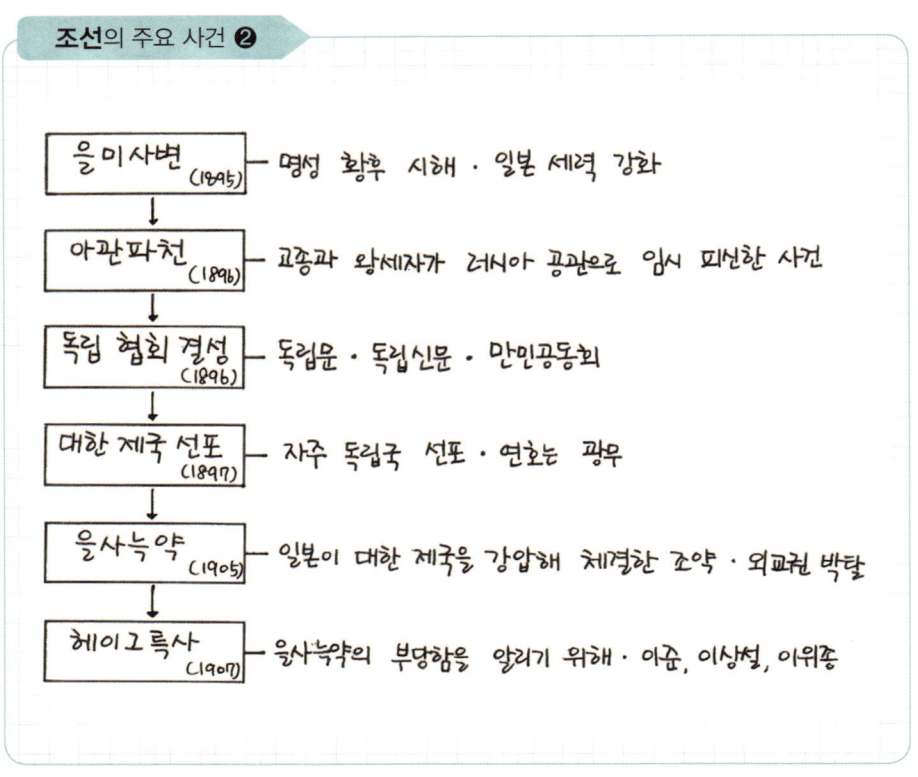

조선의 주요 사건 ❷

- 을미사변 (1895) — 명성 황후 시해 · 일본 세력 강화
- 아관파천 (1896) — 고종과 왕세자가 러시아 공관으로 임시 피신한 사건
- 독립 협회 결성 (1896) — 독립문 · 독립신문 · 만민공동회
- 대한 제국 선포 (1897) — 자주 독립국 선포 · 연호는 광무
- 을사늑약 (1905) — 일본이 대한 제국을 강압해 체결한 조약 · 외교권 박탈
- 헤이그특사 (1907) — 을사늑약의 부당함을 알리기 위해 · 이준, 이상설, 이위종

대한제국의 변화된 의식주와 풍경

정치는 혼란스럽고 암울했지만 일상생활의 모든 것이 달라지고 있었어. 사람들은 새로운 서양의 문화가 들어오자 혼란스럽기도 했지만 신기해했단다. 무엇이 어떻게 달라졌는지 자세히 알아볼까?

서양 문물이 들어오면서 의식주에서 큰 변화가 일어났어. 상투를 자르고 양복을 입는 사람들이 늘어났으며, 중절모 같은 서양식 모자가 유행하기도 했지.

여성도 활동하기 편한 통치마를 입고 구두를 신는 사람들이 늘어났어. 옛날처럼 장옷이나 쓰개치마로 얼굴을 가리지 않고 양산을 쓰고 외출하는 일이 많아졌단다.

음식에서도 커피, 홍차, 서양식 과자 등이 들어왔고, 중국식 호떡 가게나 일본 과자 가게도 생겨났어. 예전과는 다르게 남녀가 함께 한자리에 둘러앉아 밥을 먹는 식사법이 생겨났다고 해.

서울을 비롯하여 개항장이 있는 부산, 인천, 원산 등의 도시에는 서양식 건축물과 일본식 주택이 세워지기 시작했어. 주로 시멘트나 유리, 벽돌을 사용하여 오늘날 집과 거의 비슷한 모습이었다고 해.

이 시기에 지어진 대표적인 서양식 건물로는 러시아 공사관, 명동 성당, 경운궁 안에 있는 정관헌과 석조전 등이 있지.

명동성당

1898년 완성된 대표적인 서양식 건물이야.

덕수궁 석조전

덕수궁 안에 황제가 손님을 맞는 공간으로 지었어. 서양의 궁전을 본뜬 모습이야.

1887년 경복궁에 최초로 전기 가 설치되었어. 경복궁에서는 전기로 불을 밝히는 것이 처음이라 왕실의 공식 행사가 되기도 했지. 경복궁 향원정 연못의 물을 이용하여 전기 발전기를 돌렸는데 물을 이용하여 켠 불이라 해서 '물불'이라고 불렀어. 기술이 좋지 않았는지 자꾸 들어왔다 나갔다 하는 바람에 '건달불'이라고도 불렸다고 하지. 종로 거리에서는 새로운 풍경이 연출되었단다. 깜깜한 밤거리를 밝혀 주는 가로등이 세워진 거야. 처음에는 석유 가로등이었는데, 나중에 전기 회사에서 발전소 용량을 늘리면서 전기 가로등으로 바뀌었어.

전화는 궁궐용으로 처음 설치되었어. 서울과 인천을 이어 개통되었지. 전화는 소식을 빠르게 전할 수 있는 신문물이었지만 당시 사람들은 얼굴을 보지 않고 전화로 이야기하는 것은 예의가 아니라고 생각했대. 그래서 사람들의 관심을 받지 못하다가 시간이 지나면서 점차 받아들여지게 되었지.

전차는 전화와 비슷한 시기에 서울의 중심지에 처음 등장했어. 네모난 상자 같은 곳에 사람을 싣고 달리는 것을 본 사람들은 무척 신기해했단다. 전차가 지나갈 때마다 사람들이 구름처럼 모여들었다고 해. 그 후에도 전차는 1960년대 후반까지 서울의 중요한 교통수단이었단다.

사람과 물자를 쉽고 빠르게 나를 수 있는 **철도**는 1899년 서울 노량진에서 인천 제물포에 이르는 구간이 처음 개통되었어. 바로 경인 철도란다.

철도의 등장으로 서울에서 인천까지 1시간 안에 갈 수 있게 되었어. 그 뒤 러일 전쟁 동안 경부선, 경의선이 개통되었고, 점차 전국으로 뻗어 나갔지.

그러나 일본이 우리 땅에 철도를 놓은 데는 나쁜 의도가 숨겨져 있었어. 바로 조선에서 나는 물자들을 쉽고 편리하게 빼앗아 가기 위한 방법이었다는 거야. 우리를 위한 게 결코 아니었지.

갑오개혁 이후에는 근대 교육 제도도 마련되었어. 소학교, 중학교 등 각종 관립 학교를 세워 인재 양성에 힘을 쏟았단다. 그 밖에도 직업 교육을 하는 기술 학교, 선생님을 키워 내는 사범 학교, 외국어 학교 등 다양한 학교가 세워졌지. 1905년까지 나라에서 세운 학교는 90여 개에 달할 정도였어.

제중원

1885년에 세워진 우리나라 최초의 서양식 국립 병원이야. 처음 이름은 광혜원이었는데, 얼마 뒤 제중원으로 바뀌어.

이 밖에도 애국지사와 단체, 선교사들이 사립 학교를 세워 근대식 교육을 실시하기도 했단다. 우리나라 최초의 근대적 사립 학교는 원산 학사야. 육영 공원은 최초의 근대적 관립 학교로 꼽히지.

이 근대식 학교는 신분에 상관없이 누구나 들어와 교육받을 수 있었어. 교육 내용도 유교 중심의 공부가 아니라 기술, 과학, 외국어 등 실용적인 과목 중심으로 되어 있었지.

그 밖에도 근대식 신문을 발간한 박문국, 새로운 화폐를 만든 전환국, 우리나라 최초의 근대식 병원 광혜원 등 근대적 시설이 하나둘씩 들어와 자리 잡게 되었단다.

암울했던 35년간의 일제강점기  12장

청일 전쟁과 러일 전쟁에서 승리한 일본은 대한제국의 외교권을 빼앗은 다음 고종을 왕위에서 몰아내고 군대마저 해산시켰지. 그러고는 곧 대한제국을 완전히 지배하게 돼.

총칼을 앞세워 국권을 빼앗은 일본은 조선 총독부를 앞세워 주인 행세를 했어. 군대와 경찰을 앞세워 우리 민족을 억누르고 자유를 빼앗아 갔지. 또한 일본은 우리 땅에서 나는 자원까지도 마구 수탈했어.

이처럼 불행했던 일제강점기로 접어들기까지 어떤 일들이 있었는지 자세히 알아볼까?

일본에 외교권을 빼앗긴 대한제국

을사늑약이 있기 전 우리 땅에서 치러진 러일 전쟁에 대해서 먼저 알아보자.

당시 러시아는 유럽으로 세력을 넓혀 나가고 있었어. 그러면서도 남쪽으로도 힘을 뻗으려 했단다. 러시아는 북쪽에 있어서 겨울에도 얼지 않는 항구가 필요했기 때문이었어.

고종과 명성 황후는 점점 더 심하게 간섭하는 일본을 견제하기 위해 러시아와 손잡았어. 이에 일본이 불만을 품어 명성 황후를 시해하는 일도 벌어졌지. 결국 우리나라를 가운데 두고 러시아와 일본이 대립하게 되었단다.

유럽의 또 다른 열강이었던 영국은 러시아의 세력이 커지는 것을 막고자 일본과 동맹을 맺었어. 그리고 1904년 일본은 오늘날 중국의 항구 도시인 여순에 있던 러시아군을 공격하여 전쟁을 일으켰지. 바로 러일 전쟁 이야. 일본군은 육지에서는 평양을 거쳐 만주에서 크게 승리하고, 바다에서는 러시아의 발틱 함대를 울릉도 앞바다에서 궤멸시켰단다.

러시아와 일본은 포츠머스 조약을 맺고 전쟁을 끝냈어. 조약의 내용은 조선에서 일본의 정치, 경제, 군사상의 특권을 인정하는 것이었지. 러일 전쟁에서 승리한 일본은 조선을 독점적으로 지배할 수 있게 된 거야.

⭐ **여기서 잠깐!** **일본이 대한제국을 휘두르기 위해 맺은 조약들**

일본은 제국주의를 펴 나가며 한반도를 자신들의 손아귀에 넣기 위해 오랫동안 작전을 펼쳤어. 세계열강들과 이런저런 조약을 맺으며 국제적으로도 우리나라에 대한 권리를 주장하려고 했어.

일본이 조선과 대한제국을 마음대로 휘두를 수 있도록 한 조약들은 아래와 같아.

1. 시모노세키 조약(1895)
   청일 전쟁 다음에 청나라가 일본에 조선을 간섭할 권리를 인정한 조약

2. 영일 동맹(1902, 1905)
   영국이 일본에 조선을 간섭할 권리를 인정한 일

3. 가쓰라 - 태프트 밀약(1905)
   일본과 미국이 몰래 맺은 조약으로, 두 나라가 필리핀에서는 미국의 권리를 인정하고, 조선에서는 일본의 권리를 인정한다는 조약

4. 포츠머스 조약(1905)
   러일 전쟁 다음에 러시아가 일본에 조선을 간섭할 권리를 인정한 조약

러일 전쟁에서 승리했으니 일본은 이제 거리낄 것이 없었어.

일본은 대한제국을 보호국으로 만들려는 조약을 서둘렀어. 하지만 대한제국 정부는 이를 거부하였지. 일본은 조약에 반대하는 고종 황제와 대신들을 힘으로 누르고 강제로 을사늑약 을 맺었어. 여기에 찬성해 서명한 대한제국의 대신 다섯 명이 있단다. 박제순, 이완용, 이지용, 이근택, 권중현이야. 이들을 나라를 배신했다고 하여 '을사오적'이라고 부르지.

을사늑약으로 대한제국은 1905년 일본에 외교권을 빼앗기고 말아. 이게 무슨 뜻일까? 외교권이란 나라 대 나라끼리 동등한 위치에서 외교를 할 수 있는 권리로, 바로 자주 독립국임을 상징하는 권리야. 하지만 이 권리가 사라졌으니 대한제국은 사실상 일본의 보호국으로 떨어지는 신세가 된 거지. 일본은 조선에 통감부를 설치하였고 초대 통감으로 이토 히로부미가 부임했단다.

고종 황제는 조약의 무효를 선언하기 위해 노력했어. 그리고 1907년에 네덜란드 헤이그에서 열리는 만국 평화 회의에 특사를 파견했단다. 일본의 부당한 침략을 세계에 알리고자 함이었어. 하지만 특사들은 일본과 영국, 미국의 방해로 회의장에 들어가지조차 못했지.

일본은 헤이그 밀사 사건을 구실로 고종을 강제로 황제 자리에서 물러나게 했단다. 대한제국의 군대도 재정이 어렵다는 이유로 해산시켜 버렸어. 결국 1910년 일제의 식민 지배를 받게 되는 한일 병합 이 체결되었어.

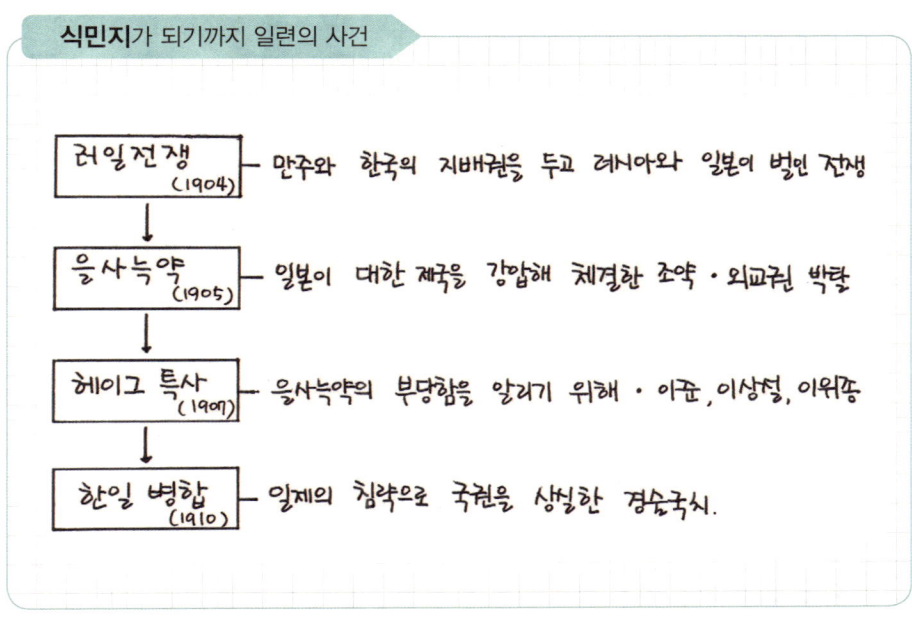

일본의 조선 침략을 반대하는 움직임

을사늑약 체결 소식이 《황성신문》을 통해 알려지자 이에 반대하는 상소와 늑약 거부 운동이 전국에서 일어났단다. 그중 의병에 대해서 먼저 알아볼까?

사실 의병이 일어난 건 이때가 처음은 아니었어. 이미 1895년에 일본이 명성 황후를 시해하고 단발령이 발표되자 분노한 양반과 유생들이 의병을 일으켰지. 단발령은 조선 사람들이 길게 길러 상투를 틀거나 땋았던 머리를 강제로 짧게 자르도록 한 일이야. 국모를 죽이고 조선의 풍속마저 억지로 바꾸려 했으니 일본에 대한 분노가 폭발한 것이었지.

그 뒤 1904년 러일 전쟁으로 일본의 노골적인 침략 의도가 드러나자 다시 의병이 일어났어. 1905년부터는 을사늑약을 계기로 의병 항쟁 이 전국적으로 확대되었단다.

이때는 최익현을 비롯해 양반과 관료들뿐만 아니라 평민들도 스스로 의병을 조직하여 일본군과 싸웠어. 그중에서도 신돌석이 이끄는 부대는 한때 군사가 3천여 명이 넘어설 정도였고, 눈부시게 활약했지. 1907년 고종 황제가 강제로 물러나고 대한제국의 군대가 해산되자 그 군인들까지 합류하면서 의병은 전보다 더 조직화되었고 더 치열해졌어.

을사늑약에 반대하는 뜻을 자결 로 보인 사람들도 있었어. 민영환은 죽음으로라도 거부의 의지를 보여 주고자 스스로 목숨을 끊었어. 조병세, 송병선 등도 자결로써 일본에 굴복하지 않겠다는 의지를 드러냈지.

또 언론과 상소 를 통해서 조약의 부당성을 주장하기도 했어. 장지연은 《황성신문》에 〈시일야방성대곡〉이라는 제목으로 사설을 실었단다. '시일야방성대곡'이란 오늘 밤 목 놓아 크게 운다는 뜻이야.

우리나라를 침략하는 데 중심이 되었던 일본의 중요 인사들을 겨냥한 의거 활동 도 시작되었단다.
1909년에 조선 침략의 핵심 인물이던 이토 히로부미가 만주를 시찰하러 온다는 소식을 듣게 된 안중근 의사는 동료들과 함께 그를 저격하기로 결정했어. 안중근이 쏜 총에 이토 히로부미는 그 자리에서 숨졌고, 안중근 의사는 러시아 헌병대에 붙잡힌 뒤 일본 영사관으로 넘겨졌어. 이후 1910년에 뤼순 감옥에서 죽음을 맞고 말았지.

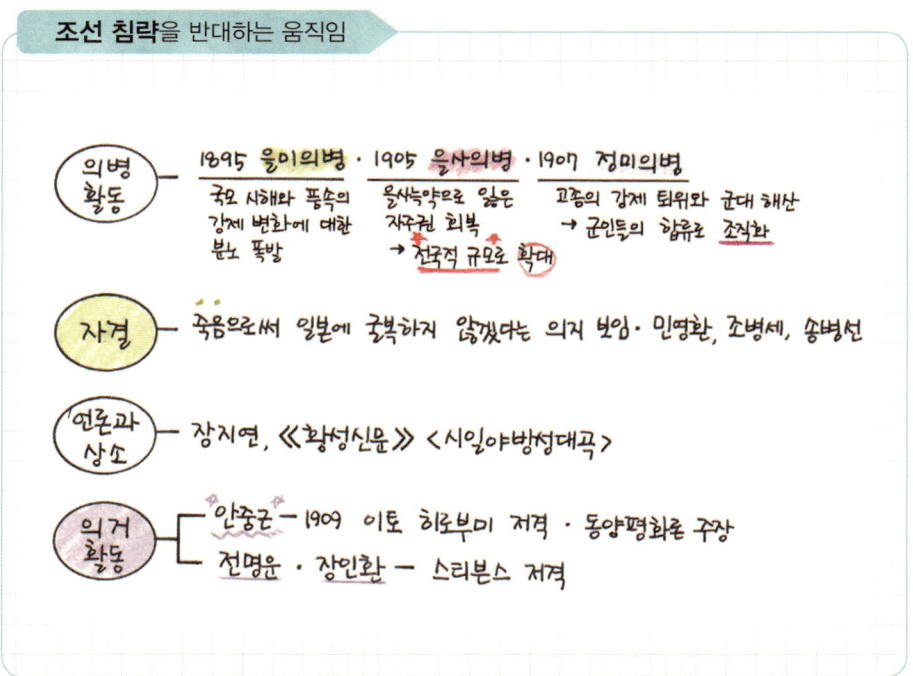

안중근 의사는 재판을 받는 동안에도 당당하고 의연했다고 해. 그는 '우리나라와 중국, 일본이 서로 힘을 합쳐 동양의 평화를 지켜야 한다'는 동양평화론을 주장했지. 안중근 의사의 의거와 사상은 우리나라뿐 아니라 중국이나 베트남에서도 항일 투쟁의 본보기가 되었어.

이 밖에 전명운, 장인환은 대한제국의 외교 고문이면서도 일본에 적극 협력한 미국인 스티븐스를 미국 샌프란시스코에서 저격했단다.

암울했던 **일제 식민지**의 현실

대한제국의 외교권을 빼앗은 일본은 대한제국 황실을 돕겠다며 설치한 통감부를 식민 통치 기구인 총독부로 바꾸었어. 나아가 대한제국의 경찰권까지 강탈해 헌병 경찰 제도를 실시했단다. 그리고 1910년 8월 29일, 우리는 한일 병합의 치욕을 맞이했어.

일제에 모든 것을 빼앗긴 우리 민족에게는 힘겹고 암울한 나날들이 펼쳐졌단다. 일제의 식민 통치가 어떻게 이루어졌는지 하나씩 살펴보자.

일본의 토지 약탈은 이미 오래전부터 시작되었어. 철도를 놓는다는 구실로 주인 있는 땅을 빼앗거나 많은 조선 땅을 일본인에게 헐값에 넘기기도 했지.

우리의 국권을 빼앗은 직후에는 총독부가 토지 소유 관계를 근대적으로 정리한다는 명분을 내세우며 토지 조사 사업을 추진했어. 토지 조사 사업은 토지를 가지고 있는 사람이 일정 기간 안에 소재지, 소유자의 이름과 주소, 땅의 용도, 등급, 면적 등을 신고하고 엄격한 심사를 거쳐 토지의 소유권을 인정받도록 한 거야. 하지만 당시까지만 해도 우리나라 사람들은 근대적인 토지 제도에 무관심하거나 잘 몰라서 신고하지 않았어. 결국 토지 신고를 제대로 하지 않은 많은 사람들이 피해를 입게 되었지.

총독부는 이런 방법으로 빼앗은 토지를 동양 척식 주식회사 등 일본인이 경영하는 토지 회사나 한국으로 건너오는 일본인에게 싼 값으로 넘겨주어, 일본인들이 많은 토지를 소유할 수 있게 했어.

당시 일본에서는 쌀이 부족했어. 이 문제를 해결하기 위해 일제는 우리나라에서 쌀 생산량을 늘려 쌀을 일본으로 가져갈 계획을 세웠지. 일제는 우리나라 농민들이 공사비를 내어 저수지와 물길을 만들고 농사를 짓게 했어. 또 새로운 품종으로 농사지으며 많은 비료를 사용하도록 했단다.

이로써 일본은 많은 양의 쌀을 가져갈 수 있게 되었어. 하지만 우리나라에서는 쌀이 부족해지면서 쌀값이 치솟았지. 농민들은 공사비 부담에 비료 값까지 떠맡게 되어 생활이 더욱 힘들어졌어.

전라북도 고창은 평야 지방으로 쌀농사가 잘되는 곳이야. 그런데 일제강점기인 1924년 10월에 고창 사람들의 식생활을 조사했더니 하루 세 끼를 먹을 수 있었던 사람은 23.6퍼센트였고 나머지 약 76퍼센트의 사람들이 끼니를 제대로 먹지 못했다고 해.

유명한 3·1 운동은 잘 알고 있겠지? 이 운동에 대해서는 뒤에서 더 자세히 알아보기로 하자. 어쨌든 우리 민족이 전국적으로 독립을 외치며 일어나자 일제는 이전처럼 우리 민족을 무력으로 지배할 수 없다는 것을 깨닫고 새로운 통치 방법을 찾게 돼. 바로 문화 통치 라고 하는 거지.

일제는 어느 정도의 단체 활동과 언론 활동을 지지한다고 했어. 하지만 실제로는 신문 기사를 검열하고 마음에 들지 않는 간행물은 압수하거나 신문은 폐간시켜 버렸단다.

교육에 있어서도 일본어와 일본의 역사, 지리 수업을 늘리는 등 감시와 규제, 간섭이 더욱 심해졌어.

★ 여기서 잠깐! 일본인을 위한 도시 건설과 편의 시설

일제강점기에 도시가 새로 생기거나 편의 시설이 늘어나기도 했어. 하지만 이것은 항구나 일본군이 주둔하는 곳에 집중되었지.

상하수도와 도로가 정비되고 의료 시설이 늘어났어. 도로가 포장되고 가로등이 설치되었지. 화장실과 목욕탕을 갖춘 신식 건물이 들어섰으며 백화점과 일본인 상점들이 즐비했어. 하지만 이런 편리는 일본인들만을 위한 것이었어.

> 일자리를 찾아 농촌에서 도시로 간 사람들은 일본인이 경영하는 회사에서 적은 임금을 받으며 하루 12시간이 넘는 힘든 일을 했어. 혹은 도시 주변 토막집에서 살면서 날품을 팔거나 구걸하며 먹고살았단다.

일제의 **병참 기지화 정책**으로 우리 민족이 당한 수탈은 상상할 수 없을 만큼 가혹해졌단다. 병참 기지는 전쟁에 필요한 자원들을 가져다주는 근거지를 뜻해. 일본이 세계와 전쟁을 벌이는 데 필요한 물자들을 우리 땅에서 생산하고 보급하도록 강요한 것이지.

일제는 1931년 중국의 동북 지역인 만주를, 1937년에는 중국 본토를 침략했어. 그리고 1941년에는 하와이 진주만을 기습하여 태평양 전쟁을 일으켰지. 전쟁의 기간이 길어지고 그 규모도 커지면서 전쟁에서 필요한 물자들도 늘어났어.

일제는 쌀을 비롯한 식량은 물론이고, 무기를 만들기 위해 집 안에 있는 놋수저까지도 빼앗아 갔단다. 청년들을 강제로 끌고 가 우리나라는 물론이고 일본의 홋카이도, 사할린에 있는 군수 공장, 철도, 탄광 등의 공사장으로 내몰았지. 1939년부터는 아예 국민 징용, 징병을 통해 장정들을 마구 잡아갔어. 징병제가 실시된 지 2년 만에 20만 명이 넘는 우리 젊은이들이 전쟁터로 끌려갔단다.

일제는 어린 소녀들을 강제로 끌고 가 군수 공장에서 일을 시키고, 전쟁터로 끌고 가 위안부라는 이름으로 성 노예로 전락시켜 버렸단다. 어린 소녀들에게 씻을 수 없는 상처를 준 가장 악랄하고 비열한 전쟁 범죄를 저지른 일본은 아직까지도 범죄를 인정하지도 사과하지도 않고 있단다.

일제는 우리나라 사람들이 일본 왕의 신하라고 주장하면서 '내선일체(조선인과 일본인은 한 몸이라는 뜻)', '황국신민화(조선인도 일본인과 같이 일본 천왕의 신민이라는 뜻)'와 같은 구호를 내걸었어. 그러면서 매일 아침 일본 왕에게 충성을 다짐하는 황국 신민의 서사를 외우게 하고, 신사 참배를 강요했지.

무엇보다도 가혹했던 건 우리말과 글을 쓸 수 없게 한 거야. 민족정신을 아예 없애 버리겠다는 일제의 간악한 민족 말살 정책 이었어. 모든 관공서에서는 일본어만 쓰도록 했으며 학교에서도 우리말을 쓰지 못했지. 1940년에는 우리나라 사람들에게 성과 이름을 일본식으로 고치라고 강요했어. 이름을 바꾸지 않으면 학교도 갈 수 없었고, 관공서에서는 일을 처리해 주지도 않아 일상생활을 할 수 없을 지경이었어.

일제의 **식민지 정책**

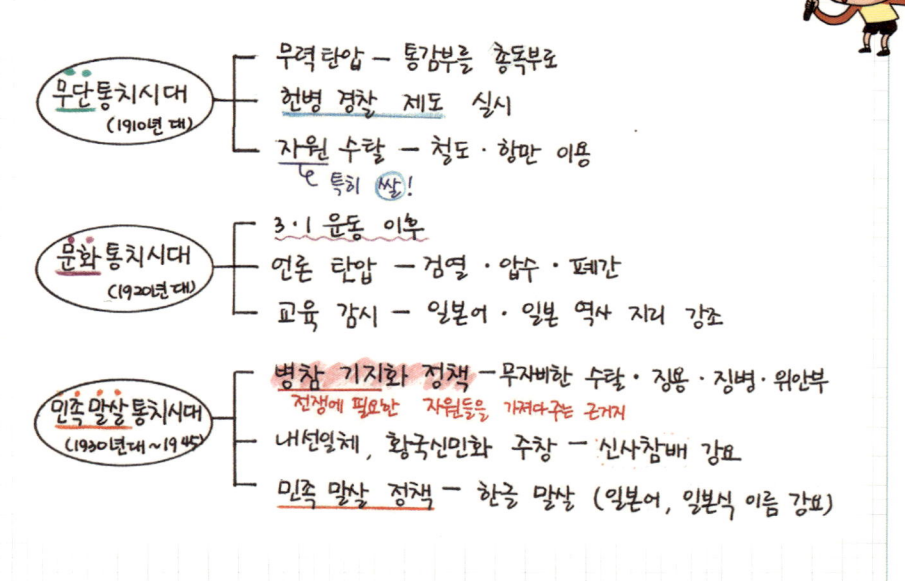

★ 여기서 잠깐! 민족을 배반한 친일파들

일제의 수탈 정책으로 도시의 공장 노동자들은 낮은 임금으로 많은 일을 해야 했고, 농촌 사람들은 생존조차 어려워졌어. 그리고 수많은 이들이 전쟁터로 내몰렸단다.

이런 민족의 현실을 외면하고 부귀영화를 누린 사람들이 있어. 바로 친일파라고 부르는 사람들이지. 일제 침략에 찬성한 이완용이나 을사오적 외에도 일제 강점기에 민족과 동포를 버리고 자신의 안위와 이익만을 위해 친일 행위를 한 사람들이 많아.

독립 선언서를 썼던 최남선, 소설가 이광수, 민족 대표 33인 중 한 사람이었던 최린, 서정주, 모윤숙, 김활란 등 처음에는 민족을 위해 나섰지만 일제강점기가 계속되자 민족을 배반한 지식인들도 있었지.

이들은 일제의 식민 지배를 찬양하고 뼛속까지 일본인이 되어야 한다는 민족 개조론을 주장했어. 많은 젊은이들을 전쟁터로 내모는 연설을 하거나 일본식으로 이름을 바꾸는 일에도 앞장섰단다.

독립을 위한 여러 활동들

일제강점기에 일어난 대표적인 독립운동이 무엇일까? 3·1 운동이 가장 먼저 생각날 거야.

1919년에 일어난 3·1 운동 은 우리 역사상 가장 규모가 컸던 민중 운동이라고 할 수 있어.
한일 병합 후 일제는 일본 경찰을 곳곳에 배치하여 우리 민족을 감시하고 공포 분위기를 조성했단다. 그러나 우리 국민들은 일제의 강압에 굴하지 않고 독립운동의 힘을 모아 갔어.

그러던 중 고종 황제가 돌아가셔서 장례식이 치러지자 식장에 많은 사람이 모이는 것을 이용해 만세 운동을 계획했지.

그렇게 1919년 3월 1일 토요일 '대한 독립 만세' 외침과 함께 태극기를 손에 든 사람들이 거리로 쏟아져 나왔단다. 만세 운동은 순식간에 전국으로 퍼져 나갔어. 전국에서 1,500회 이상 일어났고, 참가한 사람만도 200만 명이 넘는 거대한 운동이었지. 또 만주, 미국, 일본 등 해외에서도 함께 일어났어.

그렇게 1년 동안 계속된 만세 운동으로 수많은 사람들이 죽거나 다치고, 체포되어 형무소에 갇혔단다. 3·1 운동으로 많은 독립운동가들이 피해를 입기도 했지만 국민들은 우리도 할 수 있다는 자신감과 희망을 갖게 되었단다. 그리고 독립운동을 이끌 정부가 필요하다는 것을 깨닫게 되고 임시 정부를 탄생시켰지.

3·1 운동은 민족사상 가장 큰 사건이자 민족의식을 세계에 과시한 일이었어. 이것은 중국의 5·4 운동과 인도의 무저항 운동에도 큰 영향을 미쳤단다.

당시에는 일제의 감시를 피해 나라 안팎의 여러 지역에 별개의 임시 정부가 세워져 있었어. 보다 효과적으로 독립운동을 해 나가기 위해서는 하나로 통합된 대한민국 임시 정부 가 필요했지. 이동녕, 이승만, 안창호, 김구, 김규식, 신채호 등 해외로 망명하여 활동하던 민족 지도자들이 힘을 모아 비로소 통합된 임시 정부가 세워졌어.

임시 정부는 국내와 긴밀하게 연락해서 독립 자금을 모으고 정보를

수집했단다. 1919년 파리 강화 회의를 비롯하여 국제회의에 한국을 대표하는 정부로 참가하였고, 북아메리카에는 구미위원회를 두기도 했어.

1941년에는 김구와 이범석, 지청천 등을 중심으로 광복군을 조직하고 국내 진공 작전을 준비했어. 국내 진공 작전은 우리 광복군이 한반도로 들어가 일본을 물리치고 서울을 되찾으려고 한 것이야. 그러나 태평양 전쟁에서 일본이 항복하면서 국내 진공 작전은 물거품이 되고 말았어.

오늘날 우리가 살아가는 대한민국은 1919년에 세운 대한민국 임시 정부를 계승한 것이지.

애국 계몽 운동 을 통해 독립을 이루고자 한 사람들도 있었어. 애국 계몽 운동이란 국민을 가르쳐 깨우치게 해서 나라의 힘을 키우고 주권을 되찾고자 한 운동이지.

지식인들이 앞장서서 다양한 분야에서 애국 계몽 운동을 펼쳤단다. 강연회를 열거나 책을 발행하여 국민을 깨우치기 위해 노력했고, 전국 각지에 학교를 세워 학생들을 교육했어. 대표적인 인물로 평양에 대성 학교를 세운 안창호, 정주에 오산 학교를 세운 이승훈 등이 있단다.

《황성신문》이나 《대한매일신보》 등 언론들도 항일 의식을 높이는 데 큰 역할을 했어.

일본에 진 나라 빚을 국민들이 자발적으로 모금하여 갚자는 국채 보상 운동이 일어나 나라를 아끼는 시민 의식을 보여 주기도 했지.

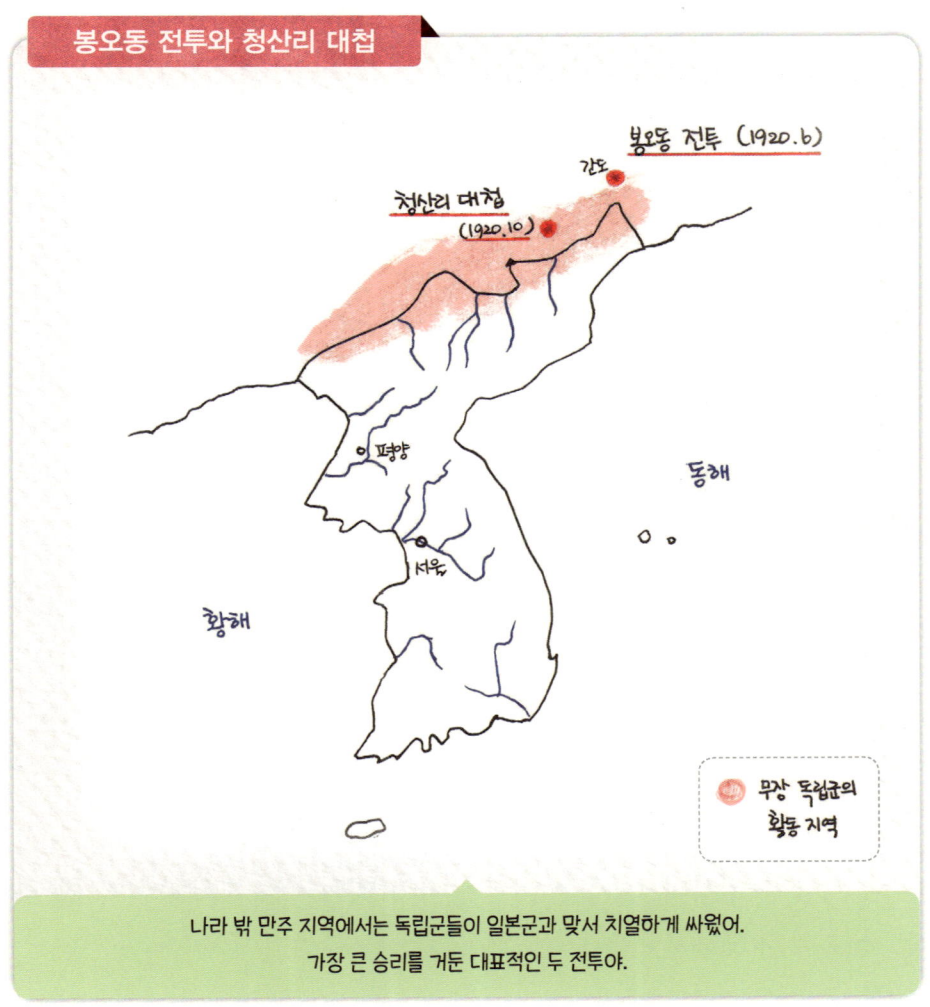

봉오동 전투와 청산리 대첩

나라 밖 만주 지역에서는 독립군들이 일본군과 맞서 치열하게 싸웠어.
가장 큰 승리를 거둔 대표적인 두 전투야.

3·1 운동 이후 일제의 탄압이 심해지자 국내의 독립운동이 위축되었어. 독립운동가들은 해외로 나가 보다 활발한 활동을 이어 갔단다. 간도 지방에는 조선 말기부터 조선의 농민들이 많이 건너가 농토를 개간하며 살고 있었지. 그래서 이곳에서 독립군 단체가 여러 개 조직되었단다. 대한독립군, 북로군정서, 서로군정서, 신흥무관학교 등이 각각 무장 독립군으로 활동했지.

이 시기에 벌어진 가장 유명한 항일 전투 로 봉오동 전투와 청산리 전투가 있어.

봉오동 전투는 1920년 만주의 봉오동에서 홍범도가 이끈 대한독립군이 일본군을 상대로 승리한 전투란다. 청산리 전투는 봉오동 전투 이후 독립군들이 백두산 근처로 모이던 중 뒤따라오던 일본군을 크게 물리친 전투야. 이 전투는 김좌진, 이범석 등이 이끈 북로군정서군과 홍범도의 대한독립군이 함께 힘을 모아 승리를 거둔 가장 유명한 전투란다.

그 밖에도 김원봉의 의열단과 김구가 조직한 한인애국단도 일제의 요인 암살, 중요 시설 파괴 등 활발한 활동을 했단다. 한인애국단 소속의 이봉길 의사와 윤봉길 의사의 의거 이야기는 모르는 사람이 없을 정도로 유명하지.

1926년에는 6·10 만세 운동 을 계기로 또다시 항일 독립운동이 연달아 일어났어.

여러 **독립 활동들**

- **3·1 운동**
  - 1919년 3월 1일을 기점으로 일어난 항일 독립 운동
  - 전국 규모 · 만주, 미국, 일본 등 해외에서도 참여
  - 자신감과 희망 회복
  - 중국의 5·4 운동과 인도의 무저항 운동에 영향

- **대한민국 임시 정부** (우리가 사는 대한민국이 계승!)
  - 1919년 상하이에서 임시로 조직한 정부 (통합)
  - 이동녕 · 이승만 · 안창호 · 김구 · 김규식 · 신채호 등
  - 국제 회의 참가
  - 국내 진공 작전 (1941) 준비

- **애국 계몽 운동**
  - 국민을 가르쳐 깨우쳐 주권을 되찾고자 한 운동
  - 강연회 · 책 발행 · 학교 설립 · 언론
  - 국채 보상 운동 (1907)

- **항일 전투**
  - 해외의 독립군 단체 — 대한독립군 · 북로군정서 · 서로군정서 신흥무관학교 등
  - 봉오동 전투 (1920) ┐ 독립군의 승리
  - 청산리 전투 (1920) ┘
  - 김원봉의 의열단 · 김구의 한인애국단 — 요인 암살, 주요 시설 파괴
    (이봉창 · 윤봉길 의사)

- **6·10 만세 운동**
  - 1926년 6월 10일 순종의 장례식날에 일어난 독립 운동
  - 학생 중심 → 학교 내 항일 결사 단체 조직
  - 광주 학생 운동 (1929)에 영향

- **신간회** — 1920년대 후반 결성 · 좌우의 이념 초월 · 민중 계몽, 민족 단결

★ **여기서 잠깐!** **조선의 독립을 위해 일생을 바친 독립운동가들**

일본의 손아귀에서 나라를 구해야 한다는 신념으로 활동한 독립운동가들. 이들은 실력을 배양하자는 실력 양성론, 무장 투쟁으로 자주독립을 꿈꾼 독립 전쟁론, 외교로 나라를 되찾자는 외교론을 펼쳤단다.

안중근은 1905년 을사늑약을 계기로 교육 활동에 전념했고, 1907년 만주로 건너가 독립운동에 참여했어. 1909년 10월 26일에 조선 침략에 앞장선 이토 히로부미를 사살했지. 다음 해 2월 14일 사형을 선고받고, 뤼순 감옥에서 복역하다 3월 26일 세상을 떠났어.

신채호는 《황성신문》과 《대한매일신보》 등에 강직한 논문을 실어 독립 정신을 북돋우고, 국권 강탈 후에는 중국으로 망명하여 독립운동과 국사 연구에 전념했어. 일본 경찰에 체포되어 옥사한 그는 민족주의 사학을 정립하고, 한국 근대 사학의 기초를 확립한 역사학자란다.

유관순은 이화 학당 고등과 1학년이었던 18세에 3·1운동에 참가하였어. 그 뒤 고향인 천안에 내려가 아우내 장터에서 군중에게 태극기를 나눠 주는 등 만세 시위를 주도하다가 체포되어 옥중에서 순국했지.

▶ 1953년 이시영의 모습

이시영은 명문가의 후손으로, 6형제 모두가 독립운동에 투신했어. 그는 1910년 국권을 빼앗기자 만주로 이주하여 독립군을 양성하였지. 1919년 4월에 수립된 상하이 임시 정부에서 법무 총장, 재무 총장을 지냈고, 광복 후 대한민국 정부에서 초대 부통령에 당선되었으나, 이승만 대통령의 통치에 반대하여 사임했어.

김원봉은 1919년 의열단을 조직하고, 1938년에는 조선 의용대를 창설하는 등 일제에 맞서 무장 독립 운동을 벌였어. 1942년 조선 의용대를 이끌고 광복군에 합류해 부사령관에 취임했고, 광복 후 1948년에 북한으로 넘어갔어.

1946년 2월 민족주의 민주전선 회의장에서 연설하는 약산 김원봉

김구는 독립운동과 통일 운동에 앞장섰던 민족 지도자로, 청년 시절에 동학 농민 운동을 지휘하다가 만주로 피신하여 의병 활동을 했어. 3·1 운동 후 대한민국 임시 정부에서 활동하였으며, 이봉창·윤봉길 등의 의거를 지휘했지. 8·15광복 이후에는 통일 정부를 세우기 위해 노력하다가, 1949년 안두희에게 암살당했단다.

일본에서 철공소 직원으로 일하던 **이봉창**은 일본의 부당함에 맞서고자 독립운동에 투신하였어. 1931년 중국 상하이로 건너가 한인애국단에 가입하고는 일왕 암살 계획을 추진했지. 1932년 1월 일왕을 향해 수류탄을 던졌으나 명중시키지 못하고 체포되어, 그해 10월 10일 32세의 나이로 순국했어.

평범한 주부로 살던 **남자현**은 3·1 운동에 참여한 것을 계기로 만주로 망명, 본격적으로 독립운동에 뛰어들었어. 서로군정서에 참가하였으며 사이토 마코토 조선 총독의 암살을 기도하는 등 여러 가지 독립운동을 벌였지. 군자금 모집, 독립운동가 옥바라지 등으로 만주 지역 독립운동의 대모라 불리었단다.

남자현

윤봉길은 3·1 운동을 계기로 애국 운동을 벌였어. 일제의 탄압이 심해지자 1930년 상하이로 가서 김구의 한인애국단에 가입했지. 1932년 4월 29일 훙커우 공원에서 열린 일왕의 생일을 축하하는 식장에서 일본의 수뇌부를 향해 폭탄을 던졌단다. 일본 경찰에게 붙잡힌 그는 25세의 나이로 순국하였어.

최재형

최재형은 9세 때 노령 연추로 이주하여 러시아의 사정에 아주 정통했어. 러일 전쟁 이후 국민회를 조직하여 회장이 되고, 의병을 모집했지. 폐간되었던 《대동공보》를 재발행하고 한인 학교를 설립하였어. 1919년 독립단을 조직하고 무장 투쟁을 준비하였으나, 이듬해 연해주 일대에 출병한 일본군이 한인 의병을 공격했을 때 총에 맞아 순국하였어.

1926년 6월 10일 순종의 장례식이 창덕궁에서 치러지기로 되어 있었어. 이날 사회주의 운동가들과 천도교인들이 시위를 준비했지만 발각되고 말았지. 모든 것이 실패로 돌아간 줄 알았지만 장례식 당일 어린 학생들의 주도로 다시 만세 운동이 시작되었단다.

이 일을 계기로 여러 학교에서 항일 결사 단체가 조직되었고 치열한 항일 투쟁이 일어났어. 그 뒤로도 독립운동은 꺾이지 않고 전국 곳곳에서 여러 가지 형태로 일어났지.

이렇게 태어난 신간회는 민중을 깨우치고 민족을 단결시키는 데 큰 힘을 쏟았어.

지금까지 우리나라가 일제강점기로 접어들어 고통받았던 일들과 이를 극복하기 위한 민족의 치열한 독립운동사를 살펴보았어.

1945년 우리는 비로소 일제로부터 해방되었어. 물론 어떤 사람들은 일본이 태평양 전쟁에서 연합군에 항복하면서 저절로 맞게 된 해방이라고도 해. 그러나 우리가 지금까지 만난 많은 독립운동가와 애국지사, 국민들의 끊임없는 투쟁을 잊어서는 안 되겠지? 나라를 되찾으려 했던 조상들의 노력과 희생 정신이 오늘날 우리의 밑바탕이 되고 있을 테니까 말이야.

평화 통일을 위해 나아가는 대한민국

13장

1945년 8월 15일 광복이 찾아왔어.

드디어 우리의 주권을 되찾은 것이지. 그러나 마냥 기뻐할 수가 없었단다. 일본군의 무장 해제를 이유로 38선을 경계로 해서 북쪽에는 소련군이, 남쪽에는 미군이 들어와 군사 정치가 시작되었거든. 광복을 맞이한 과정과 그 이후의 상황을 자세히 들여다보자.

광복 후 갈라진 남북

일제강점기에 수많은 사람들이 독립을 위해 싸웠다고 했지? 2차 세계 대전에서 일본이 지고 말 거라는 기운이 돌자 나라 안팎에서는 <mark>광복을 위한 준비</mark>가 시작되었어.

나라 밖에서는 대한민국 임시 정부가 한국광복군을 조직하여 국내 진공 작전을 시도하였고, 만주 지역에서도 조선 의용군 등 무장 단체들이 국내로 진격할 준비를 하고 있었단다. 나라 안에서도 민족 지도자 여운형을 중심으로 건국 동맹을 조직하여 건국 준비를 하고 있었지.

그러나 일본이 항복하기 직전, 미국과 소련은 우리 땅에 38도선을 긋고 각각 남과 북에 군대를 보냈어. 미국과 소련 군대가 우리의 독립을 도와줄 것이라고 믿었지만 두 나라는 우리나라의 독립에는 관심이 없었어. 미국과 소련은 건국 준비 위원회와 대한민국 임시 정부를 무시했지.

1945년 12월 모스크바에서 미국, 소련, 영국 세 나라가 모여 한반도 <mark>신탁 통치</mark>를 결정했어. 신탁 통치란 강대국이 우리나라를 대신 통치하는 것을 말해. 미국은 한반도 신탁 통치를 길게 해야 한다고 주장했어. 소련은 이에 동의했지만 신탁 통치는 짧을수록 좋다고 했지. 미국과 소련은 일단 임시 정부를 수립한 후 신탁 통치 문제를 협의해

결정하자고 했어. 그러나 '미국은 즉각 독립 주장, 소련은 신탁 통치 주장'이라는 《동아일보》의 오보가 나가면서 국민들 사이에서는 신탁 통치 반대 운동이 일어났어. 나중에는 신탁 통치를 찬성하는 사람과 반대하는 사람들로 갈라져 나라가 무척 혼란스러워졌어.
서울에서는 우리나라 정부 수립 문제를 해결하기 위해 미소 공동 위원회가 열렸으나 미국과 소련은 자기들의 이익만 주장하다 결국 결론을 내지 못했단다.

미국과 소련, 남한과 북한의 대립으로 한반도의 혼란스러운 상황은 계속되었어. 결국 미국의 주도로 국제 연합의 감시하에 남북한 총선거를 실시하기로 했단다. 하지만 북한이 총선거를 거부하고 한국 임시 위원단의 입국까지 거절하자 국제 연합은 가능한 곳에서만 총선거를 실시하기로 했어.
그러나 남한만 선거를 치른다는 것은 곧 민족이 분단된다는 것을 뜻했어. 이승만은 남한만이라도 서둘러 총선거를 해야 한다고 했지만 김구는 북한과 협상해서 반드시 통일된 정부를 세워야 한다고 주장했단다. 김구와 김규식은 평양을 방문하여 북한의 지도자들과 만나 통일 정부 수립을 위해 노력했으나 그 뜻을 이루지 못했어.

1948년 5월 10일 남한만의 단독 선거가 실시되었어. 198명의 국회의원을 뽑아 헌법을 만들고, 1948년 7월 17일 헌법이 공포되었어.

광복 후 일련의 사건

국내 진공 작전
- 대한민국 임시정부 한국광복군
- 조선 의용군 등

건국 준비 위원회
- 건국동맹 (여운형 중심)

↓

신탁 통치 논의
- 1945. 12. 모스크바 미·소·영 → 신탁 통치 결정 (강대국이 우리나라를 대신 통치하는 것)
- 선 임시 정부 수립 · 후 신탁 통치
- 신탁 통치 반대 (언론의 오보)
- 미소 공동 위원회 개최

↓

남북한 단독 선거
- 국제 연합 감시하에 남북한 총선거
- 북한의 거부 (김구·김규식 설득 실패)
- 1948년 5월 10일 남한만의 단독 선거
  → 7월 17일 헌법 공포
  → 8월 15일 대한민국 정부 수립
- 1948년 9월 9일 조선 민주주의 인민 공화국 수립

이승만을 초대 대통령으로 하여 8월 15일 **대한민국 정부가 수립** 되었단다. 북한에서도 1948년 9월 9일 김일성을 수상으로 하는 조선 민주주의 인민 공화국이 수립되었지.

꿈에 그리던 광복을 맞았으나, 우리나라는 남과 북으로 갈라져 민족은 분단의 길을 가게 되었어.

민족의 비극, 한국 전쟁

1950년 6월 25일 새벽, 전쟁이 일어났어. 같은 민족끼리 총부리를 겨눈 이 비극적인 전쟁은 1953년 7월 휴전될 때까지 3년여에 걸쳐 벌어졌으며 엄청난 피해와 고통을 주었단다.

북한은 선전 포고도 없이 38선을 넘어 남쪽으로 내려왔어. 불과 사흘 만인 6월 28일 서울을 점령했지. 국군은 북한군에 맞서 싸웠으나 이겨 내지 못하고 낙동강 이남까지 후퇴했어. 이에 국제 연합은 미국을 중심으로 16개국으로 구성된 국제 연합군을 우리나라에 파견했지. 낙동강 일대에서 고전을 면치 못하던 국군과 유엔군은 인천 상륙 작전을 계기로 전세를 역전시켰어. 1950년 9월 28일 드디어 서울을 다시 되찾고, 38도선을 넘어 계속 북으로 올라갔어. 평양을 거쳐 압록강까지 갔으나 이번에는 중공군의 개입으로 다시 38도선 부근으로 후퇴할 수밖에 없었어.

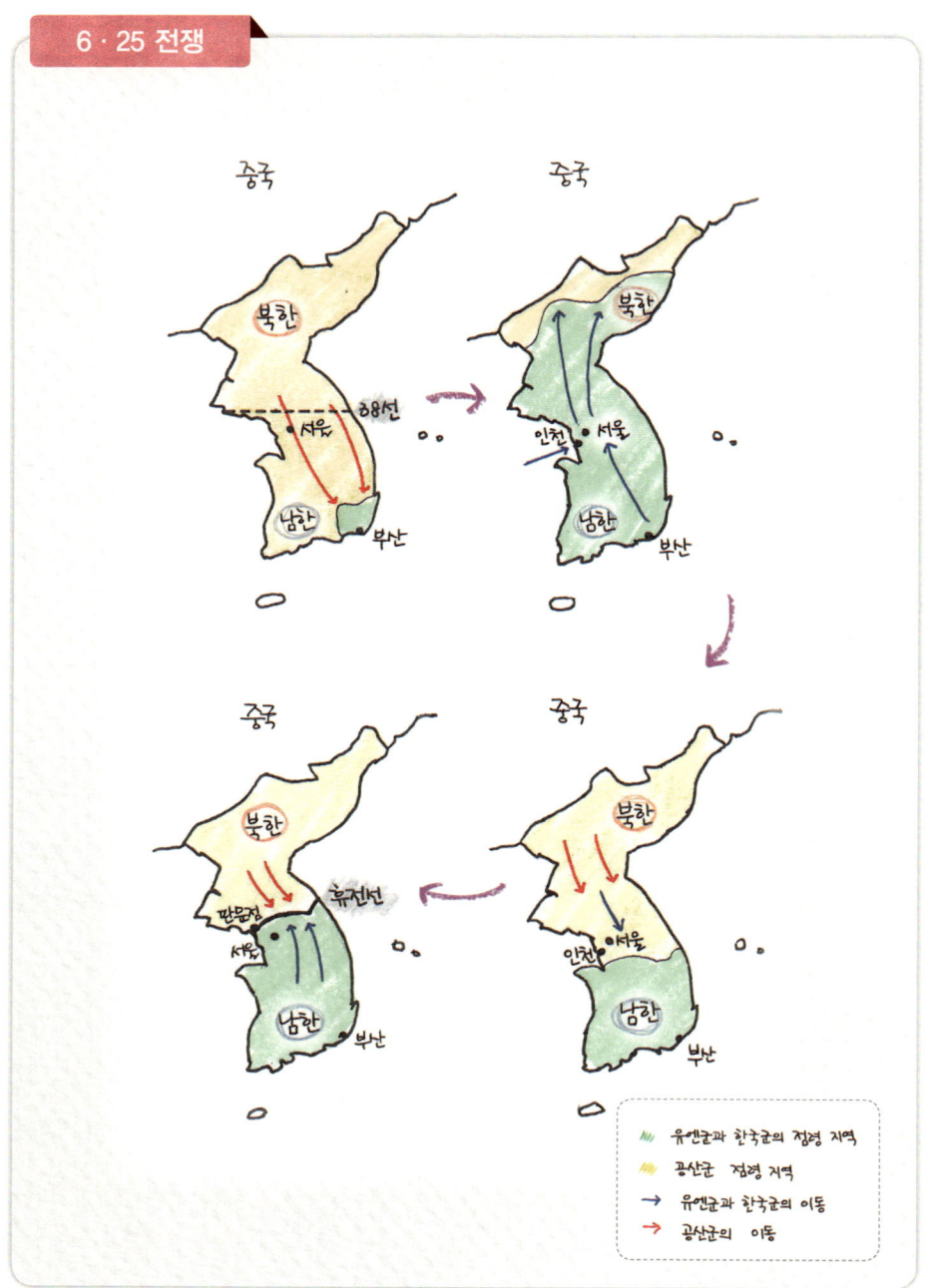

38도선 부근에서 승산 없는 싸움이 계속되자 휴전 협상이 진행되었지. 오랜 협상 끝에 마침내 1953년 7월 휴전을 맞이했어. 치열한 전쟁터였던 곳은 휴전선이 되었고, 남과 북은 휴전선을 경계로 완전히 둘로 갈라지게 되었단다.

6·25 전쟁이 가져온 피해는 이루 말할 수 없을 정도로 컸어. 수많은 사람들이 죽거나 다쳤고, 이산가족과 전쟁고아가 생겨났지. 각종 시설이 파괴되어 건물, 도로, 철도, 다리 등을 복구하는 데 많은 노력과 시간이 걸렸어.
무엇보다도 무서운 것은 전쟁이 끝난 후 휴전선은 언제 다시 터질지 모르는 전쟁의 위험이 도사리는 곳이 되었으며 남과 북은 서로 미워하고 증오하게 되었다는 것이지.

민주주의를 향한 노력들

오늘날 우리는 민주주의 국가에서 살고 있어. 민주주의란 국민이 나라의 주인이며, 국민을 위한 정치를 하는 것을 말해. 우리나라의 민주주의 역사는 얼마나 되었을까? 일제강점기에서 해방된 이후 시작

되었으니 70년도 채 되지 않았다고 할 수 있어.
6·25 전쟁의 고통을 겪은 사람들은 민주주의 국가에서 평화롭게 살아가고 싶어 했어. 독재와 억압 속에서도 포기하지 않고 민주주의 발전을 위해 노력했지. 4·19 혁명, 5·18 민주화 운동, 6월 민주 항쟁 등이 이를 위해 일어났던 대표적인 민주화 운동이란다.

민주주의 국가에서는 대통령의 임기를 정해 놓고 있어. 한 사람이 여러 번 대통령을 하는 것을 법으로 금지하는 것이지. 하지만 초대 대통령이었던 이승만은 자신이 오래 대통령을 하기 위해 1960년 3월 15일 온갖 부정한 방법을 써서 또다시 당선되었어.
이를 3·15 부정 선거 라고 부르지.
이를 보고 분노한 마산 시민과 학생들이 항의 시위를 벌였어. 이 시위는 곧 전국으로 퍼져 갔지. 게다가 마산에서의 시위 때 사라져 버린 마산상고 김주열 학생이 마산 앞바다에서 시체로 발견되는 사건이 터졌어. 그러자 학생들과 국민들은 '대통령은 물러나라!'며 더욱 격렬한 시위를 벌였어. 이것을 4·19 혁명 이라고 부르지.

이승만 정권은 군대를 보내 국민들의 시위를 막으려 했고, 이 과정에서 많은 사람이 죽거나 다쳤어. 결국 국민들의 뜻에 따라 이승만 정부는 물러날 수밖에 없었어. 4·19 혁명은 국민의 힘으로 독재 권력을 무너뜨린 우리의 첫 민주화 운동이라고 할 수 있단다.

4·19 혁명

4·19 혁명은 우리나라의 첫 민주화 운동이야. 국민의 힘으로 이승만 정권을 무너뜨렸지.

시민의 힘으로 독재 정치를 끌어내리고 새로운 정부가 들어섰으나 민주주의를 향한 국민들의 염원은 이루어지지 못했어. 1961년 5월 16일 박정희를 비롯한 일부 군인들이 무력으로 정권을 잡게 되었거든. 독재 정치를 계속하던 대통령 박정희는 1972년에 비상계엄을 선포하고 유신 헌법을 통과시켰어. 자신이 평생 동안 대통령을 하려고 마음대로 헌법을 고쳐 버린 거야.

그래서 박정희의 독재 정치를 유신 체제 라고 하고, 그 시대를 '유신 시대'라고 부르지. 유신 헌법은 원래 헌법의 내용을 어떻게 고친 걸까? 헌법에 명시되어 있던 국민의 자유와 권리를 침해할 수 없다는 가장 중요한 내용을 뺀 다음, 국민의 기본권을 제한할 수 있다는 내용을 넣었어. 또 선거를 통해 국민의 손으로 직접 뽑던 대통령을 '통일 주체 국민회의'라는 기관을 만들어 대의원을 통해 간접 선거로 대통령을 뽑는다고 고쳐 놓았지.
이것은 민주주의의 근본을 무시하는 일이었어. 시민과 학생들은 이에 반대하며 다시 한번 민주화 운동을 크게 일으켰단다.
유신 체제는 1979년 박정희가 김재규가 쏜 총에 죽음으로써 끝이 났어.

박정희가 죽자 18년간의 긴 독재 정치도 끝이 났어. 오랫동안 감시와 탄압을 받던 사람들은 민주화를 위해 활발하게 움직였지. 그러나 그해 12월 12일, 전두환을 중심으로 일부 군인들이 또다시 무력으로 정권을 잡는단다.
민주화에 대한 꿈이 다시 꺾이자 전국에서 시민들의 반대 시위가 일어났어. 1980년 5월 서울 시청 앞 광장에는 민주적인 정부 수립을 요구하며 10만 명의 시민과 학생들이 모여 민주화 시위를 벌였단다. 그러자 군인들은 5월 17일 계엄령을 선포하여 모든 집회와 시위를 금지하고, 학생들과 주요 정치인을 구속했어. 또 방송과 신문 등 언론을 통제하고, 대학에는 휴교령을 내렸지.
그리고 5월 18일 계엄령이 전국으로 확대된 상황에서 광주에 공수 부대가 들어가 시위하는 시민들을 무자비하게 진압했단다. 죄 없는 시민들과 어린아이들까지 총에 맞아 죽자 광주 시민들의 분노는 폭발했어. 광주 시민들은 민주주의를 외치며 자율적으로 시민군을 만들어 계엄군에 맞서 목숨을 걸고 싸웠단다. 그러나 계엄군의 무자비

한 공격에 시민군은 무너지고 말았어.

계엄군은 광주와 다른 지역이 오갈 수 없도록 막았고, 언론은 군인들이 광주의 폭도들을 진압하고 있다고 엉터리 보도를 했어. 광주의 진실은 무려 9년이란 세월이 흐른 뒤에야 알려지게 되었단다. 비로소 광주 시민들은 명예를 회복할 수 있었지.

이것이 바로 5·18 광주 민주화 운동 이란다.

1987년 6월 수많은 시민과 학생들이 '독재 타도'와 '호헌 철폐'를 외치며 길거리로 다시 나왔어. 바로 6월 민주 항쟁 이야. 그동안 무슨 일이 있었던 걸까?

5·18 광주 민주화 운동을 진압한 군인들은 전두환을 대통령에 당선시켰어. 전두환은 신문이나 방송 등 언론을 통제하였고 민주주의를 요구하는 사람들을 탄압했단다. 거기다 박종철이라는 학생이 고문을 받다 죽는 사건이 일어나자 민주화를 요구하는 시위가 전국에서 일어난 거야.

시민들은 다시 대통령을 시민들의 손으로 뽑을 수 있도록 직선제로 바꿀 것을 요구했으나 전두환 정권은 듣지 않았어.

그리고 다시 이한열이라는 학생이 시위 도중 죽음을 맞이하자 전 국민에게 민주주의를 향한 강한 열망이 타오르게 된단다. 당시 대통령 후보였던 노태우는 국민의 요구를 받아들여 대통령 선거를 직선제 로 바꾸겠다고 선언했어. 드디어 국민이 직접 대통령을 선출할 수 있는 국민의 기본권을 되찾은 것이었지.

우리나라의 민주주의는 이처럼 많은 사람들의 희생과 노력으로 이루어 낸 결과라고 할 수 있어. 이 땅의 민주주의가 더욱 발전해 후손들이 자유롭고 평화롭게 살아갈 수 있도록 우리도 늘 민주주의를 소중히 여기고 그 가치가 훼손되지 않도록 노력해야 할 거야.

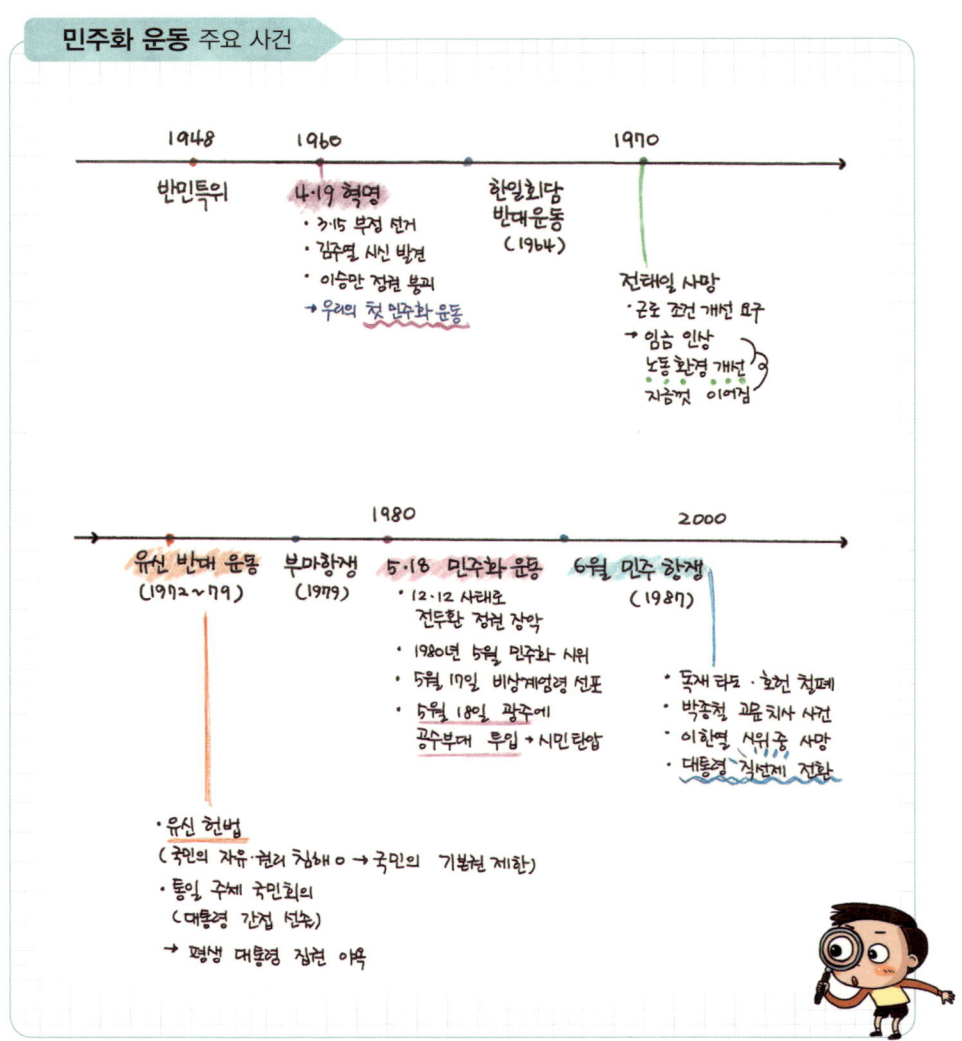

짧은 기간 동안 급속히 발전한 경제

6·25 전쟁 때 우리나라는 집과 도로, 공장과 발전소 등 모든 것이 파괴되고 말았어. 정부는 복구 사업을 실시했지만 물자가 부족했기 때문에 미국을 비롯한 여러 나라의 원조를 받았지.

박정희 정부는 1962년에 경제 개발 5개년 계획을 세우고 나라를 발전시켜 나가기로 해. 경제 개발 5개년 계획은 1981년까지 5년 단위로 4차까지 실시되었단다. 방식은 외국 자본을 빌려 공장을 짓고 풍부한 노동력을 이용해 가발이나 신발 등 경공업 부분의 제품을 많이 만들어 내는 것이었어.

그렇게 수출을 늘리고 점차 중화학 공업도 발전시켜 나갔지. 그리고 산업의 발달을 뒷받침하기 위해 1970년에는 경부 고속 도로를 건설했단다.

농촌과 어촌에서는 새마을 운동을 벌였어. 마을 길이 포장되고 지붕이 개량되었어. 비로소 전기도 들어왔지. 새로운 작물을 심거나 양잠을 장려하는 등 농촌 사람들의 경제 수준과 생활이 나아지도록 했단다.

건설 회사와 그 근로자들은 중동 지역을 비롯한 지구촌 곳곳으로 나아가 일하며 외화를 벌어들였어. 옛 서독에 파견된 광부와 간호사들의 희생도 큰 힘이 되었지.

그렇게 1996년에는 국민 소득과 수출액이 크게 늘어 경제협력개발기

13장_평화 통일을 위해 나아가는 대한민국

구(OECD)에 가입하게 되었단다.

이처럼 빠른 속도로 산업화가 이루어지면서 많은 사람들이 돈을 벌기 위해 도시로 몰려들었어. 갑자기 사람이 많아진 도시에서는 환경, 주택, 교통 등 여러 사회 문제가 발생하였고, 여기저기 빈민촌도 생겨났지.

경제 성장 속에서 생활 모습이 전과는 크게 달라졌단다. 대대로 여러 식구가 사는 대가족이 사라지고, 부모와 아들딸만 함께 사는 핵가족이 늘어나면서 공동체 문화가 사라지기 시작했어. 또 전쟁을 경험한 세대와 젊은 세대의 서로 다른 가치관이 충돌하기도 했어.

고속 도로와 자동차 덕분에 전국 어디든 빨리 갈 수 있게 되었어. 통신 기술도 발달해 대중문화가 빠르게 전해질 수 있게 되었지. 또 주택에서 아파트로 사는 곳이 바뀌는 등 의생활과 식생활, 주생활도 달라지기 시작했어.

산업화의 그늘

급격한 산업화로 얻은 풍요로움도 있지만 그에 따른 부작용도 있었어. 농어촌은 그 피해가 심각했지. 쌀을 비롯한 각종 농산물 시장이

개방되었고, 대다수의 젊은이는 돈을 벌기 위해 도시로 떠났단다. 사람들은 결국 고향을 버리고 모든 혜택이 집중된 도시로 몰릴 수밖에 없었어. 이것은 우리 삶의 근원인 농촌이 황폐화 되는 심각한 문제를 만들었지. 최근에는 농업을 선진화하거나 다시 농촌으로 가는 사람들이 많아져 변화의 조짐이 생기고는 있지만 아직도 노력해야 할 것들이 많아.

노동 문제 도 생겨났어. 1970~80년대 경제 발전의 주역이라고 할 수 있는 노동자들은 열악한 환경 속에서 오랜 시간 낮은 임금을 받고 힘들게 일했단다.
이런 노동자들을 보호하기 위한 노동법이 있긴 했지만 제대로 지켜지지 않았어. 경제가 발전하며 노동자의 처우도 개선되어야 했지만 노동자들은 계속 참기만을 강요당했지.
그 속에서 전태일이라는 사람은 근로 조건 개선을 주장하며 죽음을 맞았어. 그 사건 이후 노동자들은 힘을 모으고 목소리를 높이기 시작했어. 그리고 오늘날까지 임금 인상과 노동 환경 개선을 위한 노동 운동이 계속되고 있단다.

무분별한 경제 개발은 심각한 자연 훼손 을 가져오기도 했어. 공장에서 나오는 각종 폐수와 대기 오염 물질은 심각한 환경 오염을 일으켰지. 그뿐만 아니라 인구 증가와 도시 집중화 현상으로 인한 생활

폐수 문제, 산과 들이 사라지고 주택들이 밀집되는 현상, 농약과 화학제품 사용 등은 이전에 미처 생각하지 못했던 새로운 문젯거리가 되었어.

김영삼 정부

김영삼 정부는 제6공화국 2기 격인 정부로 1993년 2월 25일 자정에 출범해서 1998년 2월 25일 자정까지 5년간 존속한 문민정부야. 문민이란 일반 국민이라는 뜻으로, 이전 32년간 이어졌던 군인 출신 대통령과 달리 민간인이 대통령이라는 의미를 담고 있지.

김영삼 대통령 싸인

대통령 재임 시절의 김영삼(1996년)

우리나라는 박정희가 5·16 군사 정변을 통해 정권을 잡은 1961년부터 군사 정부 체제가 이어졌어. 1979년 박정희 전 대통령이 저격당해 서거한 뒤 신군부가 등장했는데, 이때 주축이 된 게 하나회야. 하나회는 1963년 전두환, 노태우 등 육군사관학교 출신 장교들이 결성한 사조직이었어. 이들은 1979년 12·12 사건을 일으켜 정승화 육군 참모총장을 연행했고, 전두환 중심의 신군부는 1980년 5월 17일 비상계엄을 전국으로 확대했지. 이 과정에서 학생과 정치인 등 많은 사람이 구금되었으며, 5·18 광주 민주화 운동이 발생했지. 그렇기에 김영삼 대통령은 취임 초 12·12 사건의 주역인 하나회를 해체했어. 쿠데타의 재발 우려를 원천 봉쇄한 거야.

김영삼 대통령은 임기 첫해인 1993년 금융 실명제를 실시하였어. 금융 실명제는 금융 기관과 거래할 때 반드시 실명으로 해야 한다는 제도야. 정치 자금 등 검은돈이 거래되지 못하게 하려고 실시한 거지. 은행의 계좌를 전부 실명으로 바꿔야 해서 금융 시장이 위축되고 소규모 사업자들은 자금 조달에 어려움을 겪기는 했지만, 경제 개혁의 기초를 닦았다는 점에서 국민들의 환영을 받았단다. 대통령을 비롯해 모든 정부 각료들은 재산 명세를 공개하면서, 정치 자금 및 뇌물을 일절 받지 않겠다고도 선언하였어. 또한 1993년 12월 정부는 여러 해 동안 끌어오던 우루과이 라운드 협정을 마무리했어. 우루과이 라운드란 각국의 관세를 인하하고 무역 장벽을 철폐하고자 1986년에 우루과이에서 시작된 국제회의야. 약 7년에 걸쳐 논의되어 체결된

협정은 경쟁력이 약한 개발도상국에는 핵폭탄급 피해를 주는 결과를 가져왔단다. 우리나라는 이 협정으로 상품, 금융, 건설, 유통, 서비스 등에서 문호를 개방할 수밖에 없었어.

1995년 8월 교육부는 국민학교를 초등학교로 변경하여, 다음 해부터 실시했어. 당시 추진되던 역사 바로 세우기 정책의 일환으로 실시한 일제의 쇠말뚝 뽑기 운동과 구 조선 총독부 건물의 철거 작업과 같은 맥락이었지. 조선 총독부 건물은 1996년 8월 15일부터 철거 작업에 돌입해, 그해 11월에 완전히 철거되었어.

경복궁 조선 총독부 청사

조선 총독부 건물을 철거하기 위해 가림막을 설치한 모습이야.

문민정부 때에는 대형사고가 아주 잦았어. 1993년 구포 무궁화호 열차 전복 사고, 아시아나항공 733편 추락 사고, 서해 페리호 침몰 사고, 1994년 성수대교 붕괴 사고, 지존파 집단살인사건, 1995년 대구 지하철 공사장 가스 폭발 사고, 삼풍백화점 붕괴 사고 등의 사건·사고들이 수시로 터져 사고 공화국이라는 오명을 얻게 되었지. 임기 초의 대형 사고들은 이전부터 축적된 정경 유착이 불러온 부실·졸속 허가 때문에 생겨났어. 은폐되어 있던 고속 성장의 부작용이 언론의 자유와 함께 고스란히 전해진 거지.

삼풍백화점의 붕괴

엘리베이터 타워만 칼로 자른 듯이 붕괴된 모습이야.

그러나 임기 후반으로 갈수록 3당 합당을 통해 정권을 잡은 한계가 드러났어. 개혁은 후퇴했고, 북핵 문제도 주도적으로 풀지 못했지. 또한 대책 없이 대외 개방의 폭을 넓히다 국제통화기금(IMF) 구제 금융 사태를 불러왔단다.

김대중 정부

김대중 정부는 대한민국 헌정사상 최초로 선거에 의해 여·야 정권 교체가 이루어진 정부야. 제6공화국 3번째 정부로 1998년 2월 25일 자정에 출범해서 2003년 2월 25일 자정까지 존속했어. 김대중 정부의 공식 명칭은 국민의 정부였어. 이는 새로운 정부의 주권이 국민에게 있다는 것을 강조하는 의미였지.

김대중 대통령 싸인

대통령 재임 시절의 김대중

김대중 정부는 국제통화기금(IMF) 구제 금융의 극복과 자유 민주주의와 시장 경제의 발전을 목표로 정했어. 이를 위해 신자유주의 경제 정책을 실시하였고, 남북 교류를 적극적으로 추진했어. 처음으로 남북 정상 회담이 이루어져 6·15 남북 공동 선언이 발표되었고, 남북 이산가족이 만나는 등 남북 교류가 활발했지. 하지만 신용카드 정책, 부동산 정책, IT 벤처기업 육성 정책 등이 예상과 달리 좋지 않은 결과를 빚어내 비판의 대상이 되기도 했단다.

국민의 정부가 추진한 가장 핵심적인 대외 정책은 햇볕 정책이야. 분단과 한국 전쟁, 그리고 냉전으로 악화된 북한과의 관계를 녹이는 정책으로, 대화를 통한 외교로 전쟁의 위협을 낮추는 한편 인도적 지원과 경제적 교류로 남북 관계가 좋아졌지. 이는 서로의 의존도를 높여 전쟁의 위험을 낮춘 외교 정책이었어.

국민의 정부는 문민정부 말년에 발생한 국제통화기금(IMF) 구제 금융의 위기를 극복해야 하는 숙제를 떠안았어. 김대중 대통령은 취임 후 불과 한 달 만에 IMF로부터 214억 달러를 지원받았고, 이를 대가로 강도 높은 기업의 구조 조정을 실시하라는 요구를 받았어. 또한 기업의 투명성 확보와 부채 비율 축소를 국제 수준에 맞게 추진해야만 했지. 2001년 8월 예상보다 3년을 앞당겨 IMF에 빌린 195억 달러를 전액 상환했지만, 금융, 기업, 노동, 공공 4대 분야에서 개혁을 할 수밖에 없었단다. 한국 전쟁 이래 최대의 국난이라고 평가되는 외환위기 사태 이후 평생직장이라는 개념이 사라졌고, 명예퇴직으로 많은 중산층이 몰락하는 안타까운 상황이 발생했어.

외환위기 당시 폭등하는 환율에 괴로워하는 외환 딜러들

정부에서는 경제를 일으킬 목적으로 신분증이 있는 사람이라면 누구나 카드를 발급받을 수 있게 하는 등 신용카드 활성화 정책을 실시하였어. 개인의 신용을 기반으로 하는 신용카드에 대한 규제를 지나치게 완화하여 많은 국민이 과잉 소비를 하였고 신용 불량자가 늘어났어. 무분별한 카드 사용은 가계 파탄의 주된 이유가 되었으며, 많은 국민이 빚을 지게 되었단다.

전 국민에게 발급되었다고 해도 과언이 아닐 정도로 신용카드에 대한 규제가 지나치게 완화되었어.

그렇지만 김대중 대통령은 문화 검열의 폐단을 거의 없애 버려 문화 대통령이라고 불렸어. 문화계나 가요계가 활발하게 운영되었고, 영화계도 〈쉬리〉가 엄청난 흥행을 기록한 1999년부터 르네상스를 맞이하였지. 수입에 의존했던 게임계도 온라인 게임을 중심으로 호황을 누리기 시작하여 수출할 정도가 되었어. 프로게이머라는 직업과 e스포츠라는 용어가 새로이 등장했지. 영화, 드라마, 게임, 만화 등 한국의 문화 콘텐츠들이 해외로 대규모로 수출되기 시작했고, 본격적으로 한류 열풍이 불기 시작했다는 점에서 문화사적으로 뜻깊은 시기였어.

국제통화기금(IMF) 구제 금융 이후 우리나라의 경제

광복 이후 경제 발전을 위한 노력이 이루어지기도 전에 발생한 한국 전쟁으로 인해 1950년대 우리나라의 경제는 원조 경제 체제였어. 미국으로부터 농산물, 소비재 등을 무상으로 지원받아 식량 문제를 겨우 해결했지. 그러나 1958년부터 미국은 자국이 불황을 겪게 되자 원조를 줄이는 대신 유상으로 돈을 빌려주는 정책을 실시했어. 이에 우리나라 역시 폐농과 이농이 증가하는 등 불황을 겪어야만 했지.

미국 원조 식량 입하 기념식(1957년)의 모습이야.

군사 정권이던 제3공화국은 나라가 주도해서 경제를 강화했어. 경제 개발 5개년 계획 등을 추진하였고, 수출 산업을 육성하였지. 여기에 베트남 전쟁의 참전에 따른 특수 등으로 경제가 발전했어. 철강, 조선, 전자 등 수출 주도형 중공업을 육성하여 고도의 경제 성장과 수출의 증대도 이루어졌고. 국민의 생활 수준은 향상되었지만, 농촌의 몰락과 산업의 불균형은 심해졌단다.

1980년대 전두환 정부 때는 1960년대의 대외 지향적 성장 전략과 1970년대에 과잉으로 이루어진 중공업 투자를 기반으로 원활한 수출을 할 수 있었어. 여기에는 3저 호황(원유·달러·금리)이 한몫했지.

1988년 하계 올림픽은 9월 17일부터 10월 2일까지 16일 동안 서울에서 개최되었어. 냉전으로 인한 1980년과 1984년의 반쪽짜리 올림픽과 달리 12년 만에 대부분의 IOC 회원국이 참가한 대회였지. 160개국이 참가한 역대 최대 규모의 올림픽을 개최하여 안정되어 가고 발전 가능성이 높았던 당시 우리나라의 경제 상황을 전 세계에 보여 줬어.

1988년 하계 올림픽이 열렸던 서울 올림픽 주경기장이야.

1990년대에는 자본과 금융 시장이 전 세계에 개방되었고, 1993년에는 쌀 개방이 추진되었어. 농업 등 1차 산업이 타격을 받은 안타까운 상황이 벌어졌지. 1995년에는 새롭게 설립된 세계무역기구(WTO)에 가입했고, 1996년에는 경제협력개발기구(OECD)에 가입하였지. 그렇지만 1997년 말 IMF 구제 금융을 받는 상황이 되어 기업들이 줄줄이 파산하는 등 경제난을 겪었어.

선진국에서는 200~300년에 걸쳐 이룩한 경제 성장을 우리나라는 약 30년 만에 이루어 냈다고들 해. 이는 사회 구성원 간의 협력이 이루어지지 않으면 절대 불가능한 일이었어. 정부는 기본 정책을 잘 세워 이를 실시하였고, 기업은 자본과 노동을 적절하게 이용해 생산하였으며, 노동자는 일에 대한 의욕과 적응력으로 성실하게 일했지. 서로의 협력이 없었거나 한쪽이라도 역할을 제대로 수행하지 못했다면 우리나라의 경제는 더디게 발전했을 거야. 특히 결정적 기여를 한 것은 노동자였어. 노동자들은 마치 산업혁명 때 영국의 노동자들처럼 상상할 수 없을 정도의 악조건 속에서도 열심히 일했어. 정부나 기업이 저지른 여러 가지 실수와 시행착오를 극복할 수 있었던 건 이들의 부지런함 때문이라고 해도 지나치지 않을 거야.

다시 1997년으로 돌아가 보자. 1997년 초 한보철강, 기아자동차 등 기업의 부도가 도미노처럼 일어났어. 그런데 연말이 되어 가도록 김영삼 대통령은 외환 위기의 심각성을 모르고 있었어. 정경 유착 등 그동안 한국 사회에 축적되어 온 경제 시스템의 문제점을 안일하게 여긴 거지. 결국 김영삼 정부는 국제통화기금(IMF)의 구제 금융을 신청하는 최후의 선택을 할 수밖에 없었고, 경제 부분에서 완전히 실패한 정부라는 오명을 얻었어. 그렇지만 국민들은 이 어려움을 극복하고자 금 모으기 운동을 전개하기도 했고, 1998년 출범한 김대중 정부는 신자유주의 경제 정책(4대 부분 개혁)을 추진했지. 드디어 2000년 8월 23일 스탠리 피셔 IMF 수석 부총재는 대한민국이 IMF 체제를 졸업했음을 공식 선언했어. 이후 2007년까지 매년 100억 달러 이상의 경상 수지 흑자와 평균 4%대의 경제 성장을 이룩했어. 2009년 미국발 세계 금융 위기로 국민소득이 1만 7,000달러대로 내려앉기도 했지만, 2010년에는 2만 달러를 회복했어.

하이닉스의 DRAM

반도체는 우리나라의 주요 수출 품목이야.

2019년 한국의 국민 총생산(GNP)은 3만 달러를 조금 넘었대. 우리나라는 땅덩어리가 좁고 자원도 적지만 인구가 많아서 노동과 기술 집약적 산업인 반도체나 조선업 분야에서 여전히 세계 1위를 달리고 있고, 휴대폰이나 냉장고, 세탁기 같은 가전제품도 전 세계에 수출되고 있어. 게다가 세계를 휩쓴 한류 열풍은 우리나라의 위상을 높여 주었지. 2020년 한국 가수 최초로 빌보드 차트 1위에 오른 BTS는 대한민국의 존재를 공고히 해 줬어. 코로나바이러스라는 공공의 적과 싸우는 요즘 K방역이라 불리는 우리나라의 코로나바이러스 대응 방식도 국제적으로 인정을 받고 있고. 어서 빨리 백신이나 치료제가 개발되어, 우리나라가 세계에서 가장 좋은 나라로 발돋움하길 바랄 뿐이야. 백신이나 치료제를 수출하여 얻는 경제적 이익까지 더해질 테니 정말 금상첨화겠지?

세계에서 유일한 분단국가인 우리나라

일제 치하에서 벗어난 기쁨도 잠시 분단의 아픔을 겪어야 했던 우리나라는 한국 전쟁으로 반공 체제가 강화되었어. 이승만 정부와 박정희 정부는 아주 강력한 반공 정책을 실시하였지. 때때로 이데올로기와 상관이 없는데도 정치적 정적을 제거하는 데에 반공을 이용하기도 했어. 북한 역시 남한을 인정하지 않았기에 남북 간의 긴장은 늘

존재했단다. 특히 1968년 1월 21일 북한의 무장 게릴라 31명이 청와대를 습격하려고 서울에 침투한 사건이나 이틀 뒤 미 해군의 정보수집함인 푸에블로호가 원산항 앞바다 공해상에서 북한으로 납치된 사건은 국민들에게 커다란 충격을 주었지. 이는 향토예비군 창설의 직접적인 계기가 되었어. 이후에도 울진·삼척 무장 공비 침투 사건, 남한을 침략할 목적으로 건설한 군사용 터널인 남침 땅굴이 수시로 발견되는 등 남북의 대치는 계속되었단다.

1968년 남하한 북한 군인과 남한의 군경이 교전을 벌이는 중에 15발의 총탄을 맞은 소나무야. '1·21 사태 소나무'라고 불린단다.

이런 분위기에 반전을 가져온 건 닉슨 독트린이야. 1969년 7월 25일 괌에서 미국의 닉슨 대통령은 대외 안전 보장책을 발표했어. 아시아의 방위는 아시아인의 힘으로 한다는 내용을 담고 있는 이 독트린의 발표 후 냉전이 완화되기 시작했지. 주한 미군의 부분 철수가 이루어졌고, 1971년에는 남북 적십자 회담이 개최되었어. 1972년에는 7·4 남북 공동 성명이 서울과 평양에서 동시에 발표되었지. 이 성명의 핵심은 남한과 북한이 자주, 평화, 민족 대단결이라는 통일의 3대 원칙에 합의한 거야. 분단 이후 최초로 이루어진 통일 문제에 대한 합의여서 국민들의 열렬한 환영을 받았지. 물론 남과 북 각각에 독재 체제를 더욱 강화한 측면도 있지만 말야.

이후 전두환 정부, 노태우 정부, 김영삼 정부를 거치며 대북 관계는 계속 데면데면했어. 그렇지만 김대중 대통령의 대북 정책은 달랐어. 야당 대통령 후보 자격으로 가진 기자회견에서부터 자신의 통일 정책은 평화 지향이라고 밝혔고, 평화 공존, 평화 교류, 평화 통일에 입각한 3원칙·3단계 통일 방향을 구상하였거든. 그리하여 대통령으로 당선된 직후 북한 김정일과의 정상 회담을 공식 제안했지. 김대중 정부의 햇볕 정책은 북한에 협력하고 지원함으로써 평화적인 통일을 이루는 것이 목적이었어. 햇볕 정책은 비유법으로 사용된 상징어로, 공식적인 명칭은 대북 화해 협력 정책이야. 형식적이고 제대로 된 교류가 이루어지지 않아 군사적 대치 관계에 놓여 있던 북한과의 관계가 국민의 정부가 들어서면서 교류와 화해, 협력 등을 강조한 포용정책으로 바뀐 거지. 이는 북한을 신뢰하며 대화를 추진하였던 미국 클린턴 행정부의 외교적 요구이기도 했어.

햇볕 정책이 가동되어 남북 관계는 나아졌어. 마침내 2000년 최초의 남북 정상 회담이 성사되었고, 6·15 남북 공동 선언이 발표되었단다. 통일 문제의 자주적 해결, 상호 체제를 인정한 통일 방안의 모색, 이산가족 문제의 해결, 남북 간 활발한 경제 협력과 교류, 약속한 조항들의 이행 등으로 구성된 공동 선언은 분단 50여 년 만에 최초로 남북의 최고 지도자들이 평화 통일을 위해 한목소리를 냈다는 점에서 엄청난 사건이었어. 일부 사람들은 같은 해 발발한 제1연평해전을 거론하며 햇볕 정책의 효과가 미미했다고 주장하기도 하고, 햇볕 정책의 지원금이 북한의 핵 개발 목적으로도 사용되었다고 주장하기도 했지.

이러한 기조를 이은 문재인 대통령은 2017년 대통령 후보 시절 한반도의 영구적 평화와 번영을 위한 완전히 새로운 구상이 필요하다고 주장했어. 그러면서 이전의 남북 공동 선언 등을 존중하겠다는 공약을 내걸었어. 이에 부응이라도 하듯 2018년 1월 1일 북한 김정은 위원장은 신년사에서 평창 올림픽에 올림픽 대표단을 파견할 것이고, 이를 위해 남북이 만날 수도 있다며 남북 회담의 개최 가능성을 시사했어. 3월 29일 판문점 통일각에서 남북 고위급 회담이 열렸고, 4월 27일에는 11년 만의 남북 정상 회담이 개최되었지. 이틀에 걸쳐 이루어진 정상 회담과 기념 식수, 환영 만찬으로 문재인 대통령과 김정은 위원장은 판문점 선언을 도출해 내었어. 두 정상은 핵 없는 한반도의 실현, 열린 회담과 소통을 약속했고, 본래처럼 하나가 돼 끝없는 번영을 누릴 것이고, 좋은 열매가 맺어지게 노력해야 한다며 실천에 대한 의지를 강조했지.

두 번째 정상 회담은 제안에서 회담의 성사까지 12시간 만에 전격적으로 이루어졌어. 2018년 5월 26일에 이루어진 회담은 필요하다면 언제 어디서든 격식 없이 만나 민족의 중대사를 논의하자고 약속한 것을 지킨 것으로, 김 위원장의 제안을 문재인 대통령이 수락하여 이루어진 거야. 이 회담에서는 문재인 대통령의 9월 평양 방문과 앞으로의 협력, 북미 정상 회담의 성공 기원과 한반도의 비핵화 및 항구적인 평화 체제를 위한 노력이 계속되어야 한다는 것을 확인했어.

세 번째 남북 정상 회담 일정은 유엔 정기 총회 일정에 맞춰 9월 18~20일로 정해졌어. 유엔 정기 총회의 시작이 9월 25일이므로, 그 전에 남북 정상 회담을 하여 국제적인 행사에 대응하려고 했던 거지. 북한의 평양직할시에서 열린 남북 정상 회담에서는 동창리의 핵 엔진 시험장, 대륙 간 탄도 미사일 발사대, 영변의 핵 시설의 영구적 폐기를 약속했어. 군사 공동 위원회를 가동하고 남북한 간 한국 전쟁 유해 공동 발굴을 합의하였지. 또한 남북 공동 경비 구역(JSA) 내의 완전한 비무장화를 실시해, 우발적인 무력 충돌을 방지하였고, 향후 북측 지역에 민간인도 출입이 가능하도록 합의하였어. 서해 및 동해선 철도와 도로 착공, 경제특구의 개설, 개성 공단과 금강산 관광의 정상화, 이산가족 상시 면회소 설치, 향후 화상 상봉을 추진하기로 합의하였지. 회담의 마지막 날인 20일에는 백두산을 방문하여 모두가 하나 되는 감동을 맛본 이 회담의 표어는 '평화, 새로운 미래'였어.

> ★ 여기서 잠깐! **언제나 미궁 속의 북미 정상 회담**
>
> 김정은 위원장의 초청장을 받은 트럼프 대통령의 승낙으로 이루어진 북미 정상 회담은 2018년 6월 12일 싱가포르 센토사섬의 카펠라 호텔에서 열렸어. 김정은 위원장과 트럼프 대통령은 오전 9시 5분에 통역사만을 대동한 일대일 회담을 시작했어. 이후 미국과 북한 대표단의 확대 회담이 있었고, 점심 식사와 짧은 산책을 하였지. 이 회담에서 두 정상은 '공동 선언'이라는 공동 성명에 서명했어. 공동 성명서에는 양국의 미래 방향을 설정하는 중요하면서도 포괄적인 내용이 담겨 있었지. 미국은 북한에 대한 체제 안정 보장을 약속하였고, 북한은 한반도에서의 완전한 비핵화를 약속하였거든. 또한 전쟁 포로와 전시 행방불명자에 대한 유해 발굴과 신원 확인자의 즉각적인 송환에도 합의하였어. 양국 국민들의 평화와 번영을 위해 새로운 북미 관계를 만들어 가자고 말이야.
>
> 회담 직전 북한에 억류되었던 3명의 미국인이 송환된 것을 시작으로, 대륙 간 탄도 미사일(ICBM) 조립 시설의 폐쇄가 이루어졌고, 소해 로켓 발사 시험장을 철거하는 등 북한은 공동 선언을 지키려 노력했어. 그러나 미국은 주한 미군의 전쟁 훈련만을 취소했을 뿐이었지. '먼저 무장 해제를 해라', '먼저 안전을 보장해 주어라'라고 하는 지난 25년간 반복된 입장 차이를 확인하게 되자, 다시 한 번 김정은 위원장이 회담을 요구하였어.
>
> 두 번째 북미 회담은 2019년 2월 27~28일 베트남 하노이의 메트로 폴 호텔에

서 개최되었어. 트럼프 대통령과 김정은 위원장의 첫 만남은 지난번과 같이 통역사만을 대동한 일대일 비밀 회담이었고, 이후 저녁 식사를 함께했어. 저녁 식사 자리에는 마이크 폼페이오 미국 국무장관, 믹 멀베이니 백악관 비서실장 대행, 김영철 중앙 정무국 부위원장, 리용호 외무상 등이 참석했어.

그러나 28일의 정상 회담은 예상보다 짧게 끝났으며 어떤 합의에도 이르지 못했어. 북한의 일부 경제 제재 해제 요구와 추가 보상에 대해 실무 협상에서 이미 합의된 내용을 미국이 정상 회담 당일에 바꿔 버렸기 때문이야.

세 번째 북미 정상 회담은 2019년 오사카 G20 정상회의가 끝난 뒤 판문점에서 이루어졌어. 이날 김정은 위원장과 트럼프 대통령의 회담은 예정에 없었어. 6월 30일 트럼프 대통령은 오후 3시 45분에 군사분계선을 넘어 현직 미국 대통령으로서는 최초로 북한 땅을 밟았어. 트럼프 대통령은 판문점의 군사분계선에서 김정은 위원장과 손을 맞잡았고, 군사분계선을 넘어오라는 김정은 위원장의 제안을 받아들여 잠시 군사분계선을 넘어갔었단다.

회담이 시작되기 전 트럼프 대통령은 김정은 위원장을 백악관에 초청했고, 문재인 대통령까지 합류해 대화를 나누었어. 이후 김정은 위원장과 트럼프 대통령은 판문점 남측의 자유의 집에서 53분간 양자 회담을 했어. 회담이 끝난 뒤 트럼프 대통령과 문재인 대통령은 북한으로 돌아가는 김정은 위원장을 배웅했지.

최근 코로나바이러스에 감염된 트럼프 대통령의 쾌유를 빈다며 김정은 위원장이 위로 편지를 보냈대. 트럼프 대통령의 첫 번째 임기까지는 함께하겠다고 한 자신의 말을 지키고 있는 셈이지. 그런데 언제 어느 때 어떻게 변할지 모르기 때문에 북미 관계는 늘 오리무중인 것 같아.

우리의 소원, 통일

한반도는 21세기에 마지막 남은 분단국가란다. 남북한이 분단된 후 우리 민족은 통일을 위한 노력을 계속해 왔어.

2000년, 2007년 남북의 정상이 만나 남북 관계 정상화, 경제 협력과 이산가족 상봉 등에 대해 논의했어.

오랫동안 헤어졌던 이산가족이 만나고, 고향을 잃고 살았던 사람들이 고향을 찾아 가고, 경제 협력과 식량 지원, 금강산 관광, 올림픽이나 월드컵에 공동 출전하는 등 자연스러운 교류가 이루어진다면 평화 통일에 한 걸음 더 다가갈 수 있을 거야.

통일을 이루기 위해서는 여러 가지 해결해야 할 문제들이 많단다. 남북이 분단된 뒤 오랫동안 서로 다른 생각과 문화 속에서 살아 왔기 때문에 생각도, 문화도 달라졌거든. 서로 다른 생각들을 극복해 가는 과정이 쉽지는 않겠지만 남북이 한마음 한뜻으로 노력하면 통일은 이루어질 거야.

평화 통일과 한반도 평화를 이루기 위해 남북한이 서로 존중하면서 차근차근 통일을 준비해 나가야 할 거야.

< 한국사 연표 >

고조선	B.C. 2333	고조선 건국(우리나라 최초의 국가)
	B.C. 1000년경	청동기 문화 시작
	B.C. 300년경	철기 문화 시작
	B.C. 195	위만, 고조선으로 망명
	B.C. 108	고조선 멸망(한의 침략)
삼국·통일신라·후삼국시대	B.C. 57	신라 건국(박혁거세)
	B.C. 37	고구려 건국(고주몽)
	B.C. 18	백제 건국(온조)
	42	가야건국
	194	고구려, 고국천왕 진대법 실시
	372	고구려 소수림왕 불교를 받아들임
	384	백제, 침류왕 불교를 받아들임
	400	고구려 광개토대왕 신라에 군사 5만을 보내 왜구를 물리침
	414	고구려 장수왕, 광개토대왕릉비 세움
	427	고구려, 평양으로 수도 옮김
	433	백제와 신라, 나제동맹 성립
	475	고구려 장수왕, 백제를 공격해 수도 위례성 함락
	502	신라 지증왕, 순장을 금지하고, 농사에 소를 이용(우경실시)
	503	신라, 국호(신라)와 왕의 칭호를 정함
	512	신라, 우산국(울릉도) 정복
	520	신라 법흥왕, 율령을 반포하고 공복 제정
	527	신라 법흥왕, 불교를 공인
	532	신라, 금관가야 합병

삼국·통일신라·후삼국시대	538	백제, 도읍을 사비성으로 옮김
	540	신라, 진흥왕 즉위
	551	신라 진흥왕, 백제 성왕과 함께 고구려 침공
	562	신라, 대가야 정벌
	612	고구려, 수나라를 물리침(을지문덕의 살수대첩)
	632	신라, 선덕여왕 즉위하고 첨성대 설립
	645	고구려, 당나라를 물리침(안시성 싸움)
	660	백제 멸망
	668	고구려 멸망
	676	신라, 한반도에서 당나라군을 몰아내고 삼국을 통일
	698	대조영, 발해 건국
	751	김대성, 불국사와 석굴암 건설
	828	장보고, 청해진 설치
	894	최치원, 진성여왕에게 시무 10조 올림
	900	후백제 건국(견훤)
	901	후고구려 건국(궁예)
	918	왕건, 고려 건국
	926	발해 멸망
	935	신라 경순왕, 왕건에게 항복
	936	후백제 멸망
고려 시대	956	광종, 노비안검법 시행
	992	국자감(고려의 국립대학) 설치
	1009	강조의 정변(거란 1차 침입 원인)
	1010	거란의 2차 침입
	1019	강감찬의 귀주대첩
	1033~1044	천리장성 건설

고려 시대	1049	동서대비원(빈민 의료 시설) 설치
	1104	별무반 창설
	1107	윤관, 여진을 정벌하고 9성을 쌓음
	1126	이자겸의 난
	1135	묘청의 서경천도 운동
	1145	김부식, 《삼국사기》 완성
	1170	무신정변
	1196	최충헌 집권
	1198	만적의 난
	1231	몽골군의 1차 침입
	1232	몽골군의 2차 침입으로 강화도로 천도
	1236~1251	팔만대장경 새김
	1258	최씨 정권 몰락하고 몽골이 쌍성총관부 설치
	1270	배중손, 삼별초와 함께 대몽항쟁
	1273	제주도에 탐라총관부 설치
	1285	일연, 《삼국유사》 완성
	1359	홍건적 침입
	1363	문익점, 원나라에서 목화씨 들여옴
	1376	최영, 홍산에서 왜구를 물리침
	1377	최무선 건의로 화통도감 설치하고 청주 흥덕사에서 《직지심경》 간행
	1380	이성계, 황산에서 왜구 물리침(황산대첩)
	1388	이성계, 위화도 회군
	1389	박위, 대마도 정벌
조선 시대	1392	조선 건국(이성계)
	1394	한양천도
	1401	신문고 설치

조선 시대	1402	호패법 실시
	1419	이종무, 대마도 정벌
	1432	《세종실록지리지》 편찬
	1434	장영실, 자격루(물시계) 제작
	1441	측우기 제작
	1443	훈민정음 창제(1446년 반포)
	1455	세조 즉위
	1456	사육신 사건
	1463	홍문관(국왕 자문기관) 설치
	1470	성종, 경국대전 완성
	1475	《국조오례의》 간행
	1498	무오사화
	1504	갑자사화
	1510	삼포왜란
	1545	을사사화
	1555	을묘왜변
	1559~1562	임꺽정의 난
	1590	일본에 통신사 파견
	1592	임진왜란(이순신, 사천해전에서 거북선 처음 사용) 일어남, 한산도대첩
	1593	행주대첩
	1597	정유재란 일어남, 명량해전
	1608	광해군 즉위, 경기도에 대동법 시행
	1610	허준,《동의보감》 완성
	1623	인조반정
	1627	정묘호란
	1634	상평통보 처음 사용
	1636	병자호란

조선 시대	1653	네덜란드인 하멜, 제주도 표착
	1696	안용복 독도에서 왜구를 몰아냄
	1708	대동법 전국 실시
	1712	백두산 정계비 세움
	1724	영조 즉위, 탕평책 실시
	1750	균역법 실시
	1776	정조 즉위 (규장각 설립)
	1784	이승훈 천주교 세례를 받음
	1785	《대전통편》 완성
	1796	수원화성 준공
	1801	신유박해 (천주교 박해)
	1805	세도정치 시작(안동 김씨)
	1811	홍경래의 난
	1860	최제우, 동학 창시
	1861	김정호, 대동여지도 제작
	1863	고종 즉위, 흥선대원군 집권
	1865~1868	경복궁 중건
	1866	병인박해, 병인양요
	1871	신미양요, 척화비 세움
	1873	고종 친정, 대원군 실각
	1875	운요호 사건
	1876	강화도조약 체결
	1882	임오군란, 제물포 조약
	1883	<한성순보> 발간
	1884	갑신정변, 우정국 설치
	1885	광혜원(서양식 병원) 설립
	1886	육영공원, 이화학당 설립
	1894	동학농민운동, 갑오개혁 시작(~1896년)

	1895	명성황후 시해사건(을미사변)
	1896	아관파천, 독립협회 설립, <독립신문> 발간, 을미의병 봉기
대한제국	1897	대한제국 출범하고 고종은 황제 칭호
	1898	만민공동회 개최, <매일신문> 창간
	1899	경의선 개통(서울-인천 간 철도)
	1900	만국우편연맹 가입
	1904	한일의정서 체결
	1905	을사늑약
	1907	헤이그특사파견, 군대해산, 국채보상운동, 신민회 설립
	1909	안중근, 이토 히로부미 사살하고 나철은 대종교 창시
	1910	한국강제병합
일제강점기	1915	대한광복회 조직
	1919	2·8 독립 선언, 3·1운동, 대한민국 임시정부 탄생
	1920	청산리 대첩
	1922	방정환, 어린이날 제정
	1923	조선물산장려회 창립
	1926	6·10 만세 운동
	1927	신간회 조직
	1929	광주학생운동
	1932	이봉창, 윤봉길 의거
	1936	손기정, 베를린 올림픽 마라톤 우승, <동아일보>, 일장기 말소 사건
	1940	한국광복군 창설, 창씨개명
	1942	조선어학회 사건
	1945	8·15광복

대한민국	1948	5·10 총선거 실시(남한 단독정부 수립)
	1949	김구 피살
	1950	한국 전쟁
	1960	4·19 혁명
	1961	5·16 군사쿠데타
	1970	새마을운동 시작
	1972	7·4 남북공동성명 발표
	1980	5·18 광주민중항쟁
	1986	제10회 서울아시안게임 개최
	1987	6월 민주항쟁(6·29 선언)
	1988	제24회 서울올림픽 개최
	1990	소련과 국교 수립
	1991	남북한 UN 동시 가입, 지방자치제 실시
	1992	중국과 국교 수립
	1995	무궁화 위성 1호 발사
	1996	조선총독부 건물 철거
	1997~2001	IMF 금융위기
	2000	6·15 남북 공동선언(남북 정상회담 개최), 김대중 대통령 노벨평화상 수상
	2002	제17회 한·일 월드컵 개최, 제14회 부산아시안게임 개최
	2006	반기문 유엔사무총장 임명
	2008	이소연, 우리나라 최초의 우주인
	2013	나로호, 대한민국 최초의 우주발사체
	2018	제23회 평창 동계올림픽, 남북정상회담, 북미정상회담
	2019	남북미 판문점 정상회담